中小学性健康教育实践教案集·小学卷

北京市中小学性健康教育模式研究课题组　编

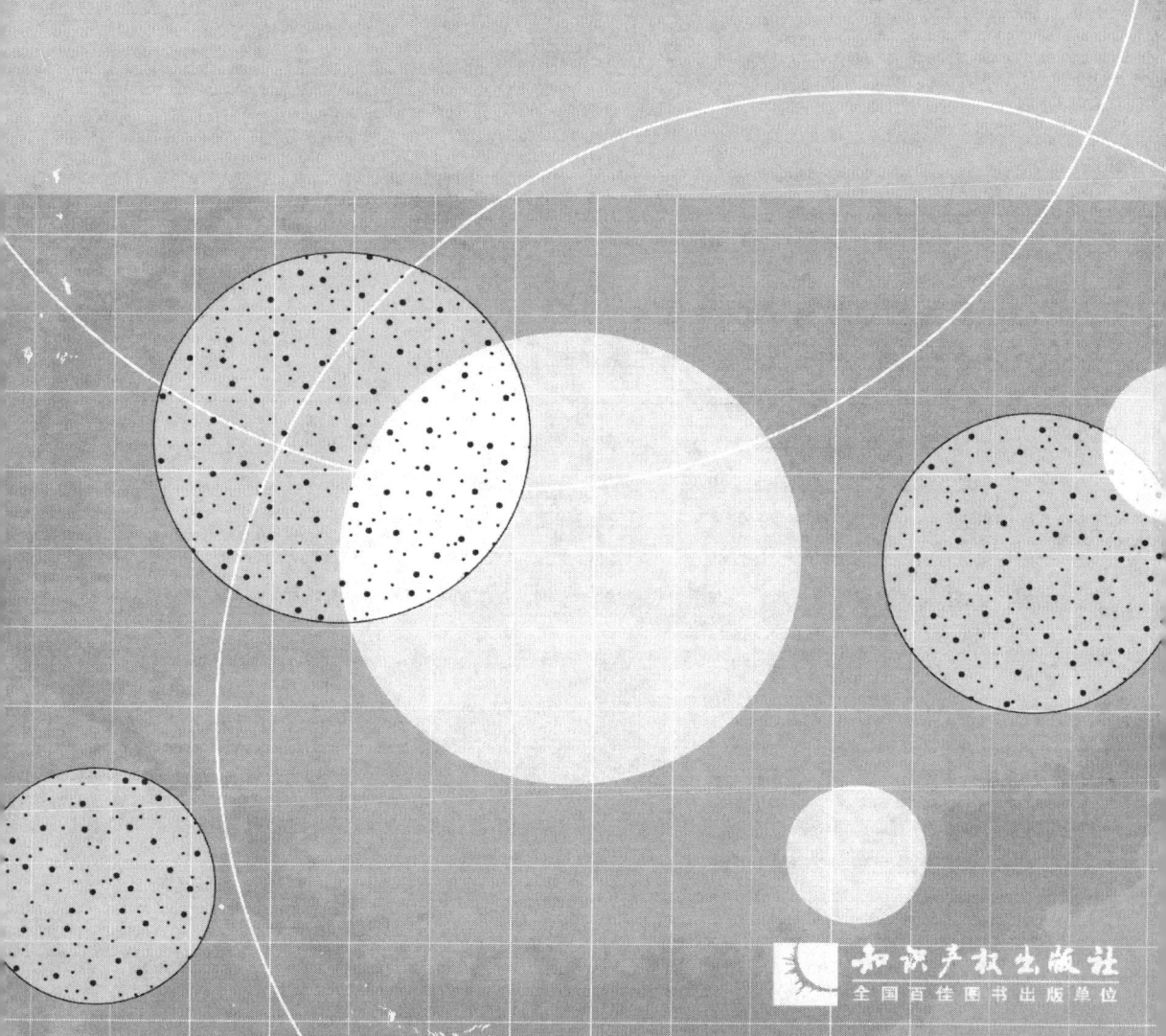

本书获北京市教委"北京市中小学生健康教育分学段应用与实践"项目资助
项目代码：PXM 2014-014203-07-000049

图书在版编目（CIP）数据

中小学性健康教育实践教案集. 小学卷／北京市中小学性健康教育模式研究课题组编. —北京：知识产权出版社，2017.6

ISBN 978-7-5130-4754-8

Ⅰ.①中… Ⅱ.①北… Ⅲ.①性教育—教案（教育）—小学 Ⅳ.①G479

中国版本图书馆 CIP 数据核字（2017）第 014816 号

责任编辑：张 冰	责任校对：王 岩
封面设计：艾丽德	责任出版：孙婷婷

中小学性健康教育实践教案集·小学卷
北京市中小学性健康教育模式研究课题组 编

出版发行：知识产权出版社有限责任公司	网 址：http://www.ipph.cn
社 址：北京市海淀区西外太平庄 55 号	邮 编：100081
责编电话：010-82000860 转 8024	责编邮箱：zhangbing@cnipr.com
发行电话：010-82000860 转 8101/8102	发行传真：010-82000893/82005070/82000270
印 刷：北京中献拓方科技发展有限公司	经 销：各大网上书店、新华书店及相关专业书店
开 本：787mm×1092mm 1/16	印 张：9.25
版 次：2017 年 6 月第 1 版	印 次：2017 年 6 月第 1 次印刷
字 数：164 千字	定 价：48.00 元
ISBN 978-7-5130-4754-8	

出版权专有　侵权必究
如有印装质量问题，本社负责调换。

前　言

"中小学性健康教育活动"项目是北京市中小学性教育模式探索的深入实践。经过多年探索，北京市中小学性健康教育模式研究课题组提出了《北京市中小学性教育大纲（讨论稿）》（以下简称《大纲》），其中提出了中小学性教育的目标、理念、原则、内容和方法。经过不断深入研究和逐步扩大的实践，参与实践的课题校对《大纲》提出的原则、理论、方法进行了有益的补充。2016年，共有54所中小学参加项目活动，并从下列几个方面对中小学性教育模式和《大纲》做出了新的探索。

1. 基础理论进一步明晰

经过近年的实践总结，中小学性教育内容主要包括了解身体、性别、关系、审美、安全。其中身体涉及认识自己性器官和性征的结构、功能及其意义以及自己应该承担的责任和保健方法；性别是悦纳自己的生理性别，全面发展自己的各种潜能，成为能够审时度势、发挥自己性别特点的社会人；关系是了解自己和对方（同性和异性），理解尊重的含义，学会表达、沟通以及解决冲突的方法，能够有底线地建立多层面人际关系；审美是理解安全为底线、健康为前提、适合为个性的审美原则，在全面接受自己的基础上，能够塑造各年龄段的美；安全是在懂得身体隐私部位保护的基础上，理解心理隐私和相处空间，做到自我保护推至尊重和保护他人，避免校园内外性伤害。课题组实践了这些理论，大家感到符合学生实际，容易理解，便于操作。

2. 教育模式进一步完善

《大纲》提出了专题课、班会、班主任工作、文化课渗透、心理课、团体辅导、个体咨询等教育方法，本次课题在实践中增加了家校结合方式。关于专题课，不少课题校开设了系列性教育课，如北京第二实验小学（安全、性别、关系等主题）、北京市西城区黄城根小学（性别主题）、北京市大兴区第四小学（安全主题）、北京市第十四中学（异性交往主题）等。为此，有些学校撰写了校本教材如北京第二实验小学、北京医科大学附属小学、通州培智学校、北京拔萃双语学校、北京市密云区职业学校等。绝大多数学校组织了系列主题班会，主要针对性别和关系及审美主题。关于班主任工作，北京市第一七一中学通过教师培训、研讨交流，制定了班主任性教育主体系统和辅助支持系统，为班主任编制了《班主任性健康教育培训手册》《班主任性健康教育班会工作指导手册》；此外，很多课题校都为班主任开展了校内培训。由于文化课渗透难度大，涉及老师、专业种类繁多，一些学校尝试从一门课程到多门课程进行《大纲》内容渗透，如北京医科大学附属小学的全面课程渗透，以及和平里一小（体育）、燕山前进二小（语文课课本剧）、青云店中学（音乐课）、北方工业大学附中（语文）、丰台二中（生物）、房山五中（生物）、通州培智学校、丰台七中等的多学科渗透。关于团体辅导，学校运用多种方式进行体验式教育活动，如北京市第十四中学和右安门外国语学校关于异性交往的校园剧，北京市第十四中学关于爱的主题辩论，北京市第一五四中学和庞各庄中学的关于交往主题的拓展活动。关于家校结合，北京第二实验小学把家长请进课堂，既使家长了解了学校性教育内容，理解了项目开展的意义，又挖掘了家长资源，引导家长参与班级教育，从而弥补了学校教育中的不足，拉近了亲子关系。

3. 骨干学校和骨干教师队伍开始形成

经过几年的项目培训与实践，形成了一批骨干学校和教师。骨干校校领导重视，校内设立了从中层领导到心理教师、任课教师和班主任共同组成的课题组；积极参加课题各种培训的骨干课题组教师在课题组和校内宣传《大纲》实践内容，校内初步形成性教育的实践队伍，开设了系列主题课程或活动，采用多种方式开展课题实践，并编写校本读物。

与此同时，一批有一定理论基础和实践经验，并在《大纲》提出的内容和方法实践中取得较成熟成果的教师已成为课题组骨干。他们在积极推进本校项目实践研究的同时，还承担了在课题组内辅导新课题校的工作。在总课题组培训后，这些骨干教师承担对本校课题组教师和新课题校初级理论辅导、经验分享、方法指导任务。他们中的一些教师还承担了为课题校外学校学生讲授多种形式的课程的任务。他们的培训和教育活动得到老师和学生的肯定和欢迎。

4. 活动研究交流网络初步建立

各学科都设有教研网络，性教育同样需要。从总课题组到骨干学校再到按学校需求主题分组研讨交流，课题本身建立了实践研究、交流、帮扶网络。课题组按性别、交往、综合分为三个交流组，每个组的带头人由这个主题研究较深入且具有一定基础的学校的老师担任，负责人会利用各种方式组织组内不同水平学校间交流讨论，为帮助基础较薄弱学校尽快提高进入模式研究实践起到很有效的作用。

同时，课题组通过组织参加全国交流，与北京市高校、研究机构和全国各地学校建立了联系，在前述基础理论方面，聘请有关专家为课题组教师做初、中、高各级培训，使不同水平和实践需求的老师们可以随时了解国内外研究进展，解决自己工作中遇到的疑惑，学习到适合自己课程或活动中需要的理论和方法。此外，通过性教育教学资源网，在网上交流教学教案和案例，了解各国、各地性教育信息和动态。

5. 实践活动效果显著

（1）优质性教育主题课。部分学校实践了系列性教育主题课，受到学生欢迎。

（2）自然的渗透课。多门学科课程成功找到渗透点，自然随堂渗透，起到润物细无声的作用。

（3）校本教材。对于《大纲》实践指导，各校根据实际情况编写了程度不同的校本教材，有学生读本、教师读本、家长读物等。

（4）学生对性教育接受度提高。学生的性别意识、异性交往认识、安全自护能力都大大提高。

（5）教师素质明显提高。对性教育理论积累有所加深，尤其对性别和异性亲密关系学习积极性很高，理论提升更加显著，对性教育开展的必要性、可能性认识和积极性大大提高；在班主任日常开展学生教育时，处理性教育问题能力以及科研能力都有所提高。

（6）家长对性教育理解度大大提高。课题组要求课题校在校内开展性教育的同时，要开展家长培训，班主任要与家长交流，争取家长的理解和支持，并提高家长开展家庭性教育的能力。很多课题校为家长举办讲座、沙龙、研讨等，使家长意识到性教育的必要性，参与学校的活动积极性显著提升；教育意识和能力都有所提高。

本案例集是 54 所课题校在本次课题实践中的教案、案例的汇编。由于项目校参加课题时间长短不一，对课题理论理解和实践程度不齐，所以教案和案例水平有所差异，但对于大家在开展中小学性健康教育中作为借鉴是有价值的，更可以作为抛砖引玉之用。

目 录

性健康教育教案

3　我是男生，我是女生（一年级适用）
　　北京第二实验小学　刘　黛

11　男生女生我知道（一年级适用）
　　北京市大兴区第四小学　何丹赫

17　男生、女生该怎么玩（一年级适用）
　　北京市海淀区上地实验小学　何　坤

23　辨　辩　变（二年级适用）
　　北京市西城区自忠小学　王维莴

32　与爸爸妈妈和睦相处（三年级适用）
　　北京市西城区黄城根小学　刘　伟

39　课本剧《争吵》（三年级适用）
　　北京市燕山前进第二小学　刘静宜

43　身体信号灯（三、四年级适用）
　　北京第二实验小学　慈建芳

54　助人为乐　大家快乐（四年级适用）
　　北京市朝阳区安慧里中心小学　张爱珍

60　做最好的自己（四年级适用）
　　北京市石景山区古城第二小学　李晓彤

66　触摸春天（四至六年级适用）
　　北京市东城区和平里第一小学　张　璠

72 "朋友"来了不烦恼（四至六年级适用）

　　北京市大兴区第四小学　李迎杰

79 保持距离，和谐相处（五、六年级适用）

　　北京大学附属小学石景山学校　敖春鹏

84 在不同中成长（六年级适用）

　　北京市黄城根小学　杨培荣

90 学会交往　快乐成长（六年级适用）

　　北京市海淀区上地实验小学　刘学会

性健康教育案例

99 亲脸事件引发的尊重异性教育的思考（四至六年级适用）

　　北京市昌平区南口镇小学　蔡玉英

106 同桌的你（四至六年级适用）

　　北京市昌平区南口镇小学　杜桂金

性健康教育研究

113 借助班级文化建设研究高年级学生人际交往的能力

　　北京市朝阳区安慧里中心小学　张爱珍

119 基于小学生性别意识研究的性别教育反思

　　——以北京市石景山区古城第二小学为例

　　北京市石景山区古城第二小学　李晓彤

126 基于《北京市中小学性健康教育大纲（讨论稿）》的

　　男女生差异性的教育方式与目标研究

　　北京市海淀区上地实验小学　刘　征

130 小学高年级异性交往研究及正确引导方法

　　北京市海淀区上地实验小学　何　坤

136 找准青春期学生情绪调节的脉搏

　　北京市海淀区羊坊店中心小学　李莲华

性健康教育教案

我是男生，我是女生
（一年级适用）

北京第二实验小学　刘　黛

一、教学背景

（一）指导思想和理论依据

（1）《中小学心理健康教育指导纲要》指出：对于低年级学生，初步认识、初步感知是关键，要帮助学生建立正确的角色意识，培养学生对不同社会角色的适应能力。

（2）认知发展理论：性别认同是孩子性别学习的基本组织者和管理者。孩子从他们的所见所闻中形成了性别刻板概念。当他们获得了性别一致性时，他们的性别信念就被固定下来并且不可逆转。

（3）社会结构假说：性别角色社会化的过程受到家庭结构和家长性别的影响。

上述理论都认为儿童可以通过由社会提供观察学习的榜样和直接指导这两种途径来完成性别角色认同的过程。笔者设计的辅导内容"我是男生，我是女生"，就是希望通过家校合作，树立与孩子们关系最亲密、接触时间最长的父母为学生观察学习的榜样，将家长带进课堂，和老师共同帮助学生加强性别角色的认同，让学生从他人的视角更多地了解自己的性别角色特点，认同自己的性别。

(二) 学情分析

1. 问卷调查

（1）您认为小学阶段何时开始对孩子进行性健康教育比较合适？

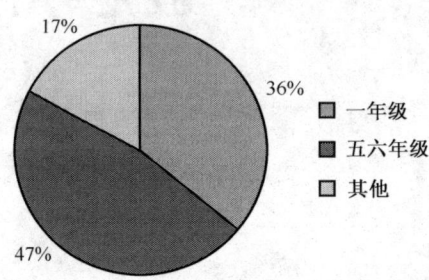

（2）您告诉过孩子男孩、女孩有什么不同吗？您说了哪些内容？

男孩子可以穿裤子，不能穿裙子；女孩子既可以穿裤子，也可以穿裙子。男孩子要留短发，女孩子可以留长发。男孩子喜欢玩刀玩枪，女孩子喜欢玩芭比娃娃。男孩子淘气、顽皮，女孩子文静。小便时，男孩子站着，女孩子蹲着……

2. 问卷分析

（1）积极作用：从问卷中我们不难看出，家长给孩子传递的是固有的传统性别角色观念，孩子最早接触的性别角色概念就是父母直接传授的。把家长引进课堂，让他们和老师一起合力共同打造学习空间，继续发挥他们的重要作用，是行之有效且事半功倍的。

（2）深入了解，改变观念。让家长们参与课堂教学，也是希望他们在参与中转变观念，深刻了解在一年级阶段进行性健康教育的重要性，以及一年级阶段可以从哪些方面对学生进行性健康教育的辅导。

二、教学目标

（1）知识目标：通过参与活动，让学生感受自己的性别角色，喜欢自己。

（2）能力目标：通过沟通交流，发现男生、女生的相同与不同，认识性别的标志，了解自己。

（3）情感、态度与价值观目标：尝试与周围的人进行沟通，能够从他人的视角更多地了解自己的性别角色的特点，增强自信心。

三、教学重点与难点

（1）教学重点：通过沟通交流，发现男生、女生的相同与不同，认识性别的标志。

（2）教学难点：能够从他人的视角更多地了解自己的性别角色的特点。

（3）教学策略：创设别样的课堂环境，通过体验式的学习方式，让学生在游戏参与中达到最佳情绪体验。

四、教学准备

（1）课前活动：问卷调查。

（2）知识准备：阅读绘本故事《我的乳房》《我的小鸡鸡》。

（3）材料准备：教具，视频，音乐《Who Am I?》《我是什么样的》，纸笔。

（4）器材准备：多媒体。

（5）了解哪些家长对孩子讲解过性健康的知识，请家长们从不同途径找一些卫生间标识。

五、教学方式

游戏体验、讨论、情境创设、快速强调（头脑风暴）等。

六、教学概要

（1）热身活动：歌曲《激趣》。

（2）引发问题：游戏超级对对碰"我是什么？"。

（3）共同探讨：庆"六一"选服装、选玩具。

（4）观点汇集。

（5）尝试实践：识别卫生间标识。

七、教学建议

适用对象：40个学生、6~8位家长；一年级；性别不限；普通校、重点校均可。

八、教学过程

教学环节		外显活动线	内隐辅导线
教学过程	热身活动	活动一：音乐热身 1. 同学们，让我们一起伴着欢快的音乐，载歌载舞，开始我们今天的活动课吧！ （播放英文歌曲《Who Am I?》，学生边听音乐边做动作） 2. 这首歌的名字是《我是谁?》，老师拿出卡片"girl"，请符合这张卡片的同学起立，一起说："你们是谁?"用你认为最美的动作，展示给大家看。然后，老师拿出卡片"boy"，请符合这张卡片的同学起立，一起说："你们是谁?"用你们认为最帅气的动作，展示给大家看。 （板书：男生 女生） 3. 男生、女生是我们的性别，是谁告诉你自己是男生还是女生的呢？ 4. 我们除了知道自己的性别，还对自己有哪些方面的了解呢？我到底是谁呢？这节课，我们就来一起了解一下我是谁。 （板书：我是男生、女生?）	激发学生学习热情，调动学习的积极性。 让孩子们用他们特有的方式展示自己的美，将截然不同的男生、女生特性直观地呈现出来。 随堂的小调查再一次让孩子们直观地发现，原来爸爸妈妈是他们第一任性别角色的老师，今天他们将和自己再次交流，深化自我认识。
	引发问题	1. 从组长那里选择你喜欢的颜色的纸，举起手中的纸，扬一扬，互相看一看，你们发现了什么？ 2. 找到纸上有字的一面，上面有一些内容，请你拿出一支笔，我说到哪，你就把符合你的内容圈出来。 3. （展示课件）老师指导填写信息表（姓名、性别、个子高矮、体型胖瘦、肤色黄白、眼睛大小、头发长短、皮肤光滑、长胡子）。 4. 在你们填的时候，老师也填了一张卡片，请你们用上这样的句子像我这样自己也读一读吧。（这是你吗？板书：我是____） 5. 我们来做游戏——"超级对对碰"！请一名女性家长来念，念到哪一项，和她一样的同学站起来，用不同的方式和大家打打招呼。 （摸摸自己的头、招招手、点点头、微笑、扭扭腰、眨眨眼、敬个礼等） 说到个子高矮时，引导：都说自己高，请看他们，你发现了什么？高矮胖瘦是需要比较的。 说到头发长短时，你发现了什么？大部分女生是长发，大部分男生是短发。 说到皮肤时，你发现了什么？小孩子和女性的皮肤都是光滑的，成年男性会长胡子，这是男性独特之处。高矮胖瘦与性别特征无关，是比较出来的，与性别有关的特征是不需要比较的。 6. 对身体的探讨让我们更了解自己！你们除了知道我是什么样的？又喜欢些什么呢？ （板书：我喜欢____）	孩子们在连贯的表达中更加系统、全面地了解自己外在的性别特征。

续表

教学环节		外显活动线	内隐辅导线
教学过程	共同探讨	活动二：我喜欢——共庆"六一" （一）选择衣服 　　六一国际儿童节到了，这是你们的节日，你们高兴吗？这天老师要组织你们去看节目，这里有4套服装，你会选择穿哪套衣服？为什么？ 　　1. 出示课件。 　　（男学生西服、皮鞋，女生连衣裙、小皮鞋，男士西服、皮鞋，女士套裙、高跟鞋） 　　2. 小组讨论：你们选择哪套衣服，为什么？请4位同学代表发言，上台选择喜欢的服饰，选择相同的起立，谁来说说你发现了什么？为什么喜欢？ 　　为什么男生不选择穿裙子？因为社会上大部分男人都穿裤子。 （二）选择你喜欢的玩具 　　1. 六一国际儿童节除了看节目，你们还会得到礼物，快看！这些礼物中，你最喜欢的礼物是什么？我们来做个统计，小组内，用举手的方式，由爸爸妈妈当统计员和参与者，把统计的票数写在纸上。爸爸妈妈汇报你最喜爱的礼物。 　　2. 将你们选择的玩具做对比，你们发现了什么？ 　　3. 有没有男生喜欢芭比娃娃的？可不可以喜欢？ 　　（不奇怪，每个人的喜好都可以很独特，我们要用同样的眼光来看待，老师就喜欢变形金刚）	这样的设计符合低年级孩子的天性，一下抓住了孩子们的心，也将辅导课引入高潮。 选衣服、选玩具的环节不仅让孩子们了解到大部分女生喜欢什么，大部分男生喜欢什么，并再一次强调，每个人的喜好也可以很独特，我们要用同样的眼光来看待。
	观点汇集	节目的中场休息时间，同学们都要去卫生间，看到这里的卫生间，你们知道你们要去哪里吗？这和我们平时常见的卫生间的标志不太一样。你们怎么知道如何进入正确的卫生间？	
	尝试实践	在洗浴间、卫生间、更衣室，我们都会看到和性别有关的标志，这些标志都带有鲜明的性别标志，容易区分，不会搞错，那么就请你们来当设计师，设计浴室、更衣室、卫生间、玩具间的标志，看谁设计的标志能让人一目了然。 　　1. 学生自己设计卫生间标志。 　　2. 说说设计理由。	运用学生已有的认知和课上学到的知识，让他们为卫生间设计标志。家长们积极参与，更好地为老师做了补充。
	总结	小结 　　原来发现自己是这么快乐呀！希望同学们在以后的生活中，多观察、多发现，继续认识自己，发现自己吧。	

板书：

我是男生、女生！
Boy　　　　girl

我是_____

我喜欢_____

九、教学反思

（一）教学效果

整节课，家长和孩子们都在轻松、愉悦的氛围中度过，情感自然流露，辅导目标更是不着痕迹地在各个环节中得到落实。和孩子们共同游戏、共同探讨时，家长们俨然是一个大孩子；而当孩子们出现偏差、产生疑惑时，他们又自然地转变角色，成为师者，将他们已有的经验介绍给孩子们，并更加直观地让孩子们知道大男生、大女生的身体特征和孩子们哪些是相同的，哪些身体特征是随着年龄增长逐渐变化的。

学生们通过"超级碰碰对"选玩具、选衣服的环节，认识到大部分男生和大部分女生具有共同的特征，同时也发现了自己身体独有的特征，如长胡子。但同时，我们也通过引导，帮助孩子打破刻板的性别印象。6岁的孩子已经受到家庭、社会的影响，认为男孩就不能喜欢芭比娃娃、不能穿裙子等，我们希望他们在这节课上能了解共性，同时尊重个性，用相同眼光看待每个人，这一点在课堂上也确实有所落实。

（二）教学反思

当然，每次活动课都不能做到面面俱到，在这节课中尚有不足之处需要改进。例如，在孩子谈到男人长胡子时，老师可以适时地进入，告诉孩子们男生什么时候就会长胡子了，简单地渗透一些性健康知识，为以后的辅导打下基础，让孩子们有更多的期待。

因为场地原因，我们只邀请了8名家长，他们不能代表全部家长，但我们会发挥他们强大的号召力，通过家委会活动，把相关信息带给更多的家长，让家长们参与到我们的课题研究，更加积极配合支持我们的辅导工作。

十、教学链接

（1）英文歌曲《Who Am I?》（出自英文教材）。

(2) 庆"六一"，男、女生小组挑选衣服，并说出理由。

(3) 庆"六一"，男、女生小组投票选出心仪的玩具，由家长汇总数据。

（4）直观展示生活中常遇到的男、女卫生间标志，引发探讨。

（5）学生和家长作品，妈妈用代表女士的高跟鞋和男士的烟斗分别表现男女特征，并分别标出男、女卫生间；孩子则用手枪和鲜花表示。

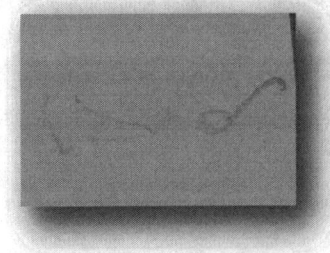  

男生女生我知道
（一年级适用）

北京市大兴区第四小学　何丹赫

一、教学背景

（一）指导思想和理论依据

《北京市中小学性健康教育大纲（讨论稿）》要求，本学段的学生应知道男生、女生身体的异同；知道男生、女生外生殖器官的名称，学习如何保护自己的外生殖器官。

本课是以北京市大兴区第四小学的科研课题为教育背景，结合本校一年级部分学生存在厕所使用困惑，而家长未能对学生进行正确引导等现象，自主开发的面向全体低年级学生开展的系列化健康教育课中的一节。

（二）学情分析

北京市大兴区第四小学是一所纯农村学校，大多数学生是外来务工人员子女。低年级学生会出现围着厕所做游戏、进错厕所等现象。部分家长提到，自己的孩子在校外憋不住时，家长会允许其随地大小便。在幼儿园时，男女生共用厕所。基于以上信息，笔者设计了面向低年级学生的性健康教育课。

二、教学目标

（1）知识目标：了解自己的身体，知道男生、女生外生殖器官的名称。

（2）能力目标：学会简单的自护方法。

（3）情感、态度与价值观目标：培养学生初步具有珍爱自己、尊重他人隐私部位的意识。

三、教学重点与难点

（一）教学重点及策略

通过图片、视频引发学生思考男生、女生外生殖器官的不同，知道男生、女生外生殖器官的名称。

（二）教学难点及策略

结合生活实际，学生知道如何保护自己的外生殖器官。

四、教学准备

（1）课前活动：事前调查幼儿园儿童的厕所使用情况；与家长们访谈，了解孩子是否具备自我保护的意识。

（2）知识准备：男生、女生外生殖器官的名称，男生的是阴茎，女生的是外阴。

（3）材料准备：课件、视频等。

（4）器材准备：多媒体。

五、教学方式

讨论、案例分析。

六、教学概要

谈话导入—男生、女生—我们的身体—保护身体—小结。

七、教学建议

适用对象：30人左右，低年级，全体学生，普通学校。

八、教学过程

（一）步骤

1. 导入

（1）谈话导入，引出小学和幼儿园厕所的区别。

（2）学生思考回答，引出课题。

【设计意图：通过亲近的交谈把学生拉入要讨论的问题情境，引入本节课主题。】

2. 教学活动

（1）男生、女生。

（出示男生、女生图片）

（学生回答）

你们真聪明，从发型、衣服等方面可以一下子分辨出来哪个是男生，哪个是女生。

同学们，你们看图中的两个同学哪个是男生？哪个是女生？你们是从哪里看出来的呢？

【设计意图：教师引导学生从发型、衣服等外在特征对男生、女生进行区别。】

（2）我们的身体。

（学生思考男生、女生身体构造的区别）

同学们，用你们的火眼金睛再来分辨一下另一幅图中的男生、女生。

（学生回答）

为什么大家都不能准确判断了呢？

（学生回答）

是呀，这些小宝宝们没有明显的外部特征怎么分辨呀。那咱们一起看个小视频，你想一想男生、女生身体有什么不同。

（学生回答）

同学们说得非常好，男生、女生的小屁屁不一样，男孩子有"小鸡鸡"，女孩子没有，其实男生、女生的身体构造是不一样的。大家说的小屁屁叫作外生殖器官，它和其他器官一样是我们身体的一部分。

【设计意图：通过小视频启发学生思考，使学生明白男生、女生的身体构造是不同的。】

（3）介绍男生、女生外生殖器官名称。

首先出示图片，介绍男女生外生殖器官的名称，男生的叫作阴茎，女生的叫作外阴。

然后以小组为单位，分别让学生说说外生殖器官的名称，帮助学生强化记忆。

（学习练习）

我要考考大家是否记住了这两个外生殖器官的名称。

（点名回答）

同学们，你们现在已经是小学生了，希望你们今后能准确地称呼外生殖器官的名称。

【设计意图：指导学生学习外生殖器官的名称，用多种方式重复练习，强化记忆，规范术语，最后提示学生今后要准确地称呼外生殖器官，这是人的隐私部位。】

（4）了解男、女厕所的构造。

首先让学生思考，由于外生殖器官不一样，男女生上厕所的方式也不一样，男生站着小便，女生蹲着小便，男女生大便的方式都一样，由于上厕所的姿势不一样，所以厕所的构造也不一样。

然后出示厕所图片，让学生直观地认识男、女厕所的标志，了解男、女厕所的不同。

【设计意图：启发学生从身体构造的不同，继续联想到上厕所的方式不同，通过图片了解男、女厕所，消除他们的好奇心理，认识男、女厕所标志，避免今后上错厕所。】

(5) 保护身体。

虽然男女生的外生殖器官是不一样的，但外生殖器官对于我们来说却是一样重要的（出示板书"一样重要"），不能让别人随便看或触摸，自己要学会保护外生殖器官。就是我们的隐私部位，是非常重要的，我们要保护自己的隐私部位，同时也要尊重他人，不随便看或触摸他人的隐私部位。

【设计意图：保护自己的外生殖器官是本课的重点和难点，在这一环节安排了学一学、想一想活动。从易到难，从学到做，初步培养学生的自护意识，帮助学生掌握简单的自护方法。】

3. 分享提高

（1）学一学。

首先出示足球运动员射门时的图片。

请学生说说足球运动员怎样保护自己的外生殖器官，并结合自己说说游戏时也要学会用手保护自己的外生殖器官，防止弄伤它。

【设计意图：学生通过从日常生活中感知，到观察自身并进行自我保护。】

（2）想一想。

以下这些同学的行为做得对吗？为什么？

- 一个小男生随地小便。
- 同学在游戏时用手护住自己的外生殖器官。
- 同学穿上舒服合体的内裤。
- 同学游戏时扒开同伴的短裤。

请学生判断对错，再结合自己说说原因。在此过程中，学生的答案会出现分歧，例如，在外边坚持不住了就可以随地大小便，不穿内裤更加舒服，等等。教师要及时给学生正确的引导。

【设计意图：告诉学生外生殖器官对于我们来说很重要，不能随便将其露出，同时也要尊重他人，不随便触碰或偷看他人的外生殖器官；另外，保持外生殖器官的清洁也是一种保护方式。培养学生初步具有自我保护外生殖器官的意识。】

（二）小结

（1）教师总结教学重点：男生和女生的外生殖器官分别是阴茎和外阴。

（2）指名让学生说说男生、女生外生殖器官的名称。

（3）学生谈收获：以后要学会保护自己的外生殖器官，也要尊重他人，不随便触碰他人的外生殖器官。

【设计意图：回顾本课的主要内容，为下节课做铺垫。】

(三) 当堂评价

让学生分别说出男生、女生外生殖器官的名称。

(四) 课后延伸

习惯的养成是需要时间的，低年级学生自我约束能力差，因此可制定评价表，每天让学生自我评价、家长评价、老师评价，帮助学生逐步养成自护的习惯。本课后的教学内容将继续延续，指导学生学习正确清洗阴部的具体方法及更多的自护知识。

评 价 表

评价内容	不随地大小便	游戏时会保护自己的阴部	每天清洗阴部	每天换洗内裤
自我评价				
家长评价				
老师评价				

九、教学反思

低年级的学生们对于一切充满好奇，本课由学生熟悉的厕所引入，经过老师逐步地引导，学生能够了解男生、女生的不同，认识自己的身体，正确说出外生殖器官的名称。通过观看图片，学生学会简单的自护方法，初步具有自我保护意识，但还需要课后结合生活实际逐步养成良好的习惯。

男生、女生该怎么玩
（一年级适用）

北京市海淀区上地实验小学　何　坤

一、教学背景

（一）本课指导思想和理论依据

通过心理学的研究和实际观察发现，男女生交往范围广泛，既有同性知己，又有异性朋友的人，个性发展更完善，情绪更稳定，自制力较强，心理健康水平较高，容易形成积极乐观、开朗豁达的性格。

（二）学情分析

在对一年级某班45名学生进行课前调查时发现，89.5%的学生表示愿意与异性玩，而在这89.5%的学生中，高达67%的学生曾经与异性同学发生过矛盾，产生了烦恼。因此，学习如何正确地与异性同学交往成为本次性健康教育课程的重要命题。

二、教学目标

（1）知识目标：了解男女生社会性别角色和性格的差异。
（2）能力目标：初步了解男女生之间交往的方法和原则。
（3）情感、态度与价值观目标：体验男女生友好交往带来的快乐。

三、教学重点与难点

（一）教学重点

学习男女生交往的方法，逐渐形成良好的性格，男女生保持合适距离，学会尊重他人隐私。

（二）教学难点

让学生能够与异性同学快乐交往。

四、教学准备

（1）课前活动：调查班级中男女同学玩耍交往的情况。

（2）知识准备：初步了解男女生之间生理上的不同。

（3）材料准备：学生课间活动视频、小游戏图片、心愿卡等。

（4）器材准备：多媒体等。

五、教学方式

案例分析法、情景体验法、讨论法、游戏法、合作探究法。

六、教学概要

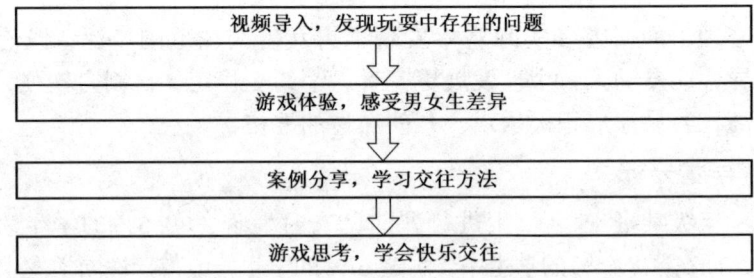

七、教学过程

（一）视频导入，发现玩耍中存在的问题

（1）教师在上课伊始播放提前拍摄的学生课间活动的视频，让学生认真观看。

（2）教师提问：在这段视频中你发现男生和女生都在课间玩什么？

预设：①几个同学在一起聊天，两个同学一起看书。②男生女生一起画画，几个人一起玩文具。③拍手游戏。

（PPT 出示图片）

教师总结：这节课我们就一起来讨论一下男生、女生该怎么玩？

（3）孩子们，你们觉得视频里哪些同学玩得最有意义？

预设：画画、看书、拍手游戏……

（4）你们真是有一双善于发现的眼睛，谁还发现了视频中不和谐的画面？

学生叙述：一个小男孩在揪一个小女孩的头发。

（5）大家觉得视频中小男孩的做法好吗？

教师：经过老师的采访，小男孩觉得他这样玩很快乐，那大家觉得小女孩快乐吗？

【设计意图：一年级正是学生最爱玩的年纪，通过展现平常的课间活动视频，从"玩"入手，激发学生的学习兴趣，让学生找到有益的课间活动内容，发现男女生在交往上存在的小问题。】

（二）游戏体验，感受男女生差异

男生女生在一起玩是一件特别开心的事情，可为什么有时候会产生这样或者那样的矛盾呢？大家来和老师一起做两个小游戏吧，并用心体会。

游戏一：火眼金睛

游戏规则：每个同学的桌子上都有一些图片（如洋娃娃、火车模型、儿童手镯、足球、小裙子、男生西服照片、白雪公主动画片、赛车动画片、游泳、冰河世纪动画片、迎面接力、拔河……）。

请同学们从中挑选出你最喜欢的图片或者觉得更适合你的图片，教师巡视。

说一说同学挑出的图片。

教师总结：老师在巡视的过程中发现绝大多数女生挑出的图片和这位女生差不多，而绝大多数男生挑出的图片和这位男生差不多。看来男女生在穿着、打扮、爱好上的差异还真不小呢！不过像画画、拔河等游戏既适合男孩子又适合女孩子，男女生虽有差异却也有相同之处。

游戏二：我的心愿卡

你们都喜欢和什么性格的男生或者女生玩呢？请你拿出发给你的心愿卡写一写。

（男生用蓝色信纸，女生用粉色信纸）

交流：乖巧、文静、大方、活泼、诚实……

教师总结：其实男生和女生在性格上是存在一些差异的，这就是有时候我们几个好朋友都想好好玩，但却会产生小矛盾的原因。但是我们发现男生女生都喜欢和活泼、大度、诚实的孩子玩。所以从刚才的活动中我们发现，拥有受欢迎的性格会让同学之间的交往更顺利。

（板书：拥有良好性格）

【设计意图：用游戏体验的方式让学生清楚自己的社会性别角色，感受男女生心理性格既有不同又有相同，了解男女生在游戏时产生矛盾的原因，知道哪些性格是更受大家欢迎的。】

（三）案例分享，学习交往方法

老师最近在"班级悄悄话"中发现两封来自咱们班同学的信，诉说了她们的烦恼，我们一起帮帮她们吧！听一听悄悄话录音。

悄悄话录音一：男生追女生到女厕所门口

老师：

您好！

我喜欢和班里的同学一起玩，可是最近我的好朋友小军一下课就一边嚷嚷一边追我，要玩抓人游戏，没办法我只好躲到女厕所去，而他好像还很高兴，随时准备冲进去抓我，我不喜欢，但是不知道该怎么办。

（1）你认为小军的游戏方式好吗？为什么？

（2）在上幼儿园和小学的时候我们的厕所有什么区别吗？

（出示幼儿园和小学厕所图片对比）

教师：幼儿园时我们的厕所是不分男女生的，而进入小学厕所开始分男女生，女厕所是女生的隐私场所，而男厕所是男生的隐私场所。

（3）我们应该怎么做呢？

教师总结：孩子们可不能去不属于你的地方哦！要做尊重他人隐私的好孩子。

（板书：尊重他人隐私）

悄悄话录音二：小男孩追着想要亲小女孩

老师：

您好！

昨天我的同桌小伟和我玩游戏，他赢了非要亲我的脸，我觉得很别扭，我的胆子有点小，不敢和老师、家长说，您能帮帮我吗？

（1）小组讨论：你赞同游戏中同学的交往方式吗？为什么？

（2）小游戏：体验人与人之间怎样的距离最合适。

第一组：两名同学分别站在教室的两端，进行对话。

第二组：两名同学脸对脸站在一起交流。

第三组：两名同学选择一个自己认为合适的距离进行交流。

采访三组同学的感受。

讲解人与人交往的距离。

公共距离指大于360厘米的空间距离，一般适用于演讲者与听众、彼此极为生硬的交谈及非正式的场合。在商务活动中，根据其活动的对象和目的，选择和保持合适的距离是极为重要的。

社交距离大约在120~360厘米，属于礼节上较为正式的交往关系。一般工作场合人们多采用这种距离交谈，在小型招待会上，与没有过多交往的人打招呼可采用此距离。

私人距离一般在45~120厘米，表现为伸手可以握到对方的手，但不易接触到对方身体，这一距离对讨论个人问题是很合适的，一般的朋友交谈多采用这一距离。

教师总结：与同伴的距离过远或者过于亲密都会让别人感觉不舒服。人与人之间的相处需要一定的距离和界限，要保持舒服的距离，任何人如果让你感到不舒服了你要明确地告诉他，或者告诉老师、家长。

（板书：保持舒服距离）

【设计意图：案例分享取材于平时老师在班内的观察，有一定的典型性，孩子在自由发言和小组讨论中畅所欲言。幼儿园与小学厕所的对比更加深了学生对性别和隐私的理解，体验游戏则让学生真实且有对比地感受到人与人的交往要保持舒服的距离。】

（四）游戏思考，学会快乐交往

让我们把学到的知识运用到游戏当中吧！

游戏：小羊过河

游戏规则： 把班里的45名同学分成5组，每组9名同学自由分工，2名同学当小羊，6名同学当小桥，1名同学指挥，给小羊蒙上眼睛，听从指挥，6名同学负责保护小羊顺利通过小桥，用时最少的组获得胜利。

教师总结： 孩子们在活动之中体会到了男女生交往的快乐，学会了男女生交往的一些方法，即拥有良好的性格、学会尊重他人隐私、在交往过程中与同伴保持舒服的距离，这样我们会和同伴玩得更快乐，成为最幸福的孩子。

【设计意图：学生在游戏中灵活运用所学知识，在不知不觉中学会男生女生应该怎么玩，体会出男女生交往是非常快乐的。树立同学之间互相帮助与合作的意识，培养合作能力。】

九、教学反思

（1）以学生为主体，以学生心理需要为出发点，以学生的主体发展为根本，为学生提供了了解自己、异性及交往体验的场所。在感知、体验、明理之后，引导学生运用所学知识，从而调整自我，寻求新知，初步了解与异性交往的方法。

（2）"活动"和"体验"成为本课最核心的两个要素。在教学中，通过创设一定的心理情境，开展极富启发意义的活动，形成个体内心的认知冲突，唤醒学生内心深处潜意识存在的心理体验，让学生潜移默化地化解矛盾，学会男生女生该怎么玩。

性健康教育教案

辨 辩 变
（二年级适用）

北京市西城区自忠小学　王维荫

一、教学背景

（一）指导思想和理论依据

近年来，社会上青少年儿童遇害案件频发。2013 年，17 岁女孩胡伊萱在去同学家途中遇到一名假装肚子疼的孕妇，请求其帮忙扶自己回到二楼家中，女孩没意识到危险。当将孕妇送到楼上后，在家等候的丈夫面露凶色，欲对女孩性侵，女孩反抗被二人用被子蒙头窒息而死，心地善良的女孩葬送了自己如花的生命。

犯罪嫌疑人通常都会利用受害人的同情心和自我防范意识不够强的弱点进行犯罪，尤其是二年级的学生，他们的自我保护能力差，防范意识淡薄。为了填补学校教育的这项空白，我们借助本课题，确定了本节课的教学内容，指导学生学习自我保护的方法，培养自我保护的能力，为学生的快乐童年奠定基础，让他们拥有一个幸福的人生。

（二）学情分析

本班有 31 名学生，男生 19 人，女生 12 人，男多女少不仅是这个班级的现象，也是现在整个年级乃至整个社会的现象。通过之前的"女童保护"公益讲座和对学生的前测，学生们对这个内容十分感兴趣，积极参与到活动中，受益良多。但是二年级的孩子在身体力量、语言表达、智力水平方面都不及成年人，要让孩子们通过这节课知道自己的生命安全是最重要的，遇到危险，先要学会自保,想方设法脱离险境。

二、教学目标

(1) 知识目标:指导学生正确分析一个人对自己是否有威胁,不以貌取人。

(2) 能力目标:知道遇到的事情对自己可能有哪些伤害。

(3) 情感、态度与价值观目标:对危险情况能够有预判和规避能力,自己会应对危险情况。

三、教学重点与难点

(1) 教学重点:学会预判和解决问题的方法。

(2) 教学难点:不以貌取人。

(3) 性教育渗透点:初步掌握单独与人交往时性的自我保护技能。

四、教学准备

(1) 课前活动:"女童保护"公益讲座。

(2) 知识准备:性侵犯的相关知识。

(3) 材料准备:课件(图片、声音、文字)、人物卡片、课堂反馈奖牌等。

(4) 器材准备:电脑。

五、教学方式

小组讨论、案例分析、角色扮演、自我评价反馈。

六、教学概要

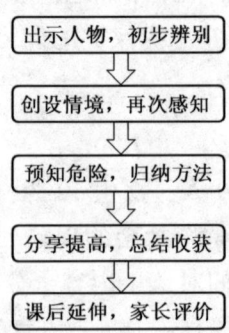

七、教学建议

适用对象：人数 30~40 人，二年级，男女不限，普通小学。

八、教学过程

（一）步骤

1. **导入**（知识准备，本课主题）

师：今天老师给大家带来了 6 位"朋友"（出示 6 人图），请每组组长上来抽出一位"朋友"，先让你的组员看一看，再把图片贴在黑板上，绿色区域是安全的，红色区域是危险的。

保安叔叔　陌生老奶奶　一位阿姨　受伤的人

高年级哥哥姐姐　　妈妈

生：组长上台抽图片，拿给组员看一看，然后在黑板上分类。

2. **教学活动**

（1）再次感受对这 6 位"朋友"的印象。

师：有一天，这个"朋友"和你之间发生了这样一件事情（发给组长卡片），请组长把卡片翻开，仔细读一读。

生：组长分别读卡片上的内容。

保安：小区的保安叔叔说他那有妈妈的快递，让我和他一起去保安室取。

阿姨：妈妈单位的同事来学校接你，说是妈妈让她来接的。

老奶奶：陌生的老奶奶给你好吃的。

受伤的人：在街上遇见受了伤拄着拐杖的人，他告诉你他家就在前面，让你帮忙扶他回家。

哥哥或姐姐：高年级的哥哥或姐姐亲密地搂着你，说喜欢你，邀请你去他家玩。

妈妈：今天你没完成作业，妈妈严厉地批评了你。

师：现在小组讨论一下，再判断一下你这个"朋友"是什么样的人。

生：（讨论）

师：现在你对这个"朋友"的印象改变了吗？哪个组需要修改一下你的分类？

生：（修改分类）

师：第一次分类，你是怎么判断的？

生：（回答，从外表判断的）

师：那第二次为什么分得不一样？

生：（回答）

师小结：你们真棒！要有一双火眼金睛，对一个人的判断不能只看外表，要具体情况具体分析。

（2）对危险情况有预判。

师：你们说这些人有危险，那会有什么危险呢？请大家讨论。

预设生1：保安可能会把我带进保安室进行侵犯。

预设生2：阿姨可能会把我绑架或拐卖。

预设生3：老奶奶给的糖里可能有毒或者有迷药，等我晕了再把我带走。

预设生4：受伤的人可能是假装受伤的，骗我和他回家对我进行侵犯。

预设生5：哥哥姐姐搂着我会让我感觉到很不舒服，可能会给我看一些不健康的书籍或影片。

师：哥哥姐姐搂着你，你感觉不舒服，怎么不舒服？

生：（回答）

师小结：刚才同学们说的这些可能出现的危险，有的属于人身伤害，如这些人把你们拐走、贩卖器官等。还有的人会把你带到没人的屋子里或角落里，触摸你的隐私部位，或者让你触摸他的隐私部位，这就是性侵犯。大家还记得之前我们听的"女童保护"讲座吗？大家还记得哪里是我们的隐私部位吗？

（课件出示听讲座图片）

生：背心裤衩遮挡的地方。

师：没错，我们的隐私部位是不能让别人触摸的！我们也不能触摸别人的隐私部位。

师追问：为什么妈妈是安全的？妈妈不是严厉地批评了你吗？

生：妈妈批评我也是为我好。妈妈不会害我。

师小结：对，无论在什么情况下，我们最信任的人应该是自己的妈妈（爸爸、亲人）。

（3）遇到危险怎么办？

师：刚才我们说的这些危险情况在生活中都有可能发生。万一遇到这些情况我们应该怎么办？小组讨论一下，把你们遇到危险情况时的解决办法演一演。

生：讨论。

师：为了启发大家，这个小组同学课前做了精心的准备，下面有请他们为我们带来精彩的表演。

生：小组表演。

（小朋友在自家门口附近玩，这时一位慈祥的老奶奶走了过来）

老奶奶：小朋友，你长得真可爱，奶奶这有好吃的糖，给你吃一块儿吧！（一边拉着小朋友，一边把糖塞进小朋友手里）

小朋友1：妈妈说了吃糖会长蛀牙的，不让我吃，谢谢您！（说完就跑回家）

小朋友2：（跑向在一旁聊天的妈妈）妈妈，那位奶奶说什么？我听不懂，您去看看！（妈妈走向老奶奶说：您是楼下新搬来的吧？老奶奶说是的，我就是想给孩子一块糖吃。妈妈说，谢谢您，我平常不让她吃糖。）

小朋友3：（对路过的成年人大声说）阿姨，阿姨，我不认识这个老奶奶！请您帮帮我！

阿姨：你的爸爸妈妈呢？

小朋友3：他们去街对面买东西了，让我在这里等。

阿姨：那我陪你一起等他们吧。

师采访表演同学：你们为什么要这么演？

表演生：回答。

师追问全体同学：如果是邻居阿姨给你糖吃呢？你怎么办？

生：讨论。

师小结：如果是关系较好的邻居，可以先把糖礼貌地接过来，回到家经过妈妈允许再吃；如果是关系一般的邻居，就不要轻易接受别人给你的食物。

（4）梳理方法。

师：妈妈是我们最信任的人，如果我们遇到危险，来听一听妈妈是怎么对我们说的。

（课件播放妈妈录音）

亲爱的孩子，遇到危险，你们要记牢：

陌生人搭讪要警惕，危险来临不着急。
观察四周不讲话，低头快走追伙伴。
外出游玩守规矩，跟随父母不离开。
遇事恳求爸妈帮，不让外人触摸你。
碰到坏人高声叫，灵活机智设法逃。

师带生读一遍儿歌，并把总结的方法贴在黑板上：预知危险、大胆拒绝、机智求助、贴近父母、回家避险、保护隐私。

3. 分享提高

师：老师考考大家能不能用黑板上的这些方法来解决我们生活中的实际问题（课件出示三件事），每小组选一个你们最感兴趣的问题来讨论。

事件一：公共厕所门口，一个陌生男人让你帮他看一下东西，他去上厕所，让你在厕所外面等他。你会等吗？

事件二：你一个人在家，突然听见门外有小孩的哭声。哭声持续了好久。你会开门看个究竟吗？

事件三：你在楼下玩，这时从楼上掉下来一件衣服，楼上有个男人从窗户探出头，让你帮他把衣服拿上去。你会帮他吗？

生：讨论。

师：第一件事，谁愿意上台来配合老师演一演你的解决方法？

（师生演绎，三位同学分别上台演出自己的解决方法）

师再分别请两位同学来表演第二件和第三件事的解决方法。

师小结：看了同学们的表演，大家都同意，遇到这些事情，我们不帮忙。不要以为不帮忙就是没有爱心的表现。他们都是成年人，可以自己处理这些问题。而我们还只是二年级的小学生，行为能力差，力气也比他们小，遇到事情我们最好能先预感到危险，并避免危险的发生，要学会保护自己，无论什么时候请大家记住：你自己的生命安全最重要！

（二）全课梳理

师：你们今天可真棒！辨认出了这么多的危险情况（黑板上贴"辨"）。还通过研究辩论，学会了摆脱这些危险的方法（黑板上贴"辩"）。你们都要变身为超级小侦探了！（黑板上贴"变"）。

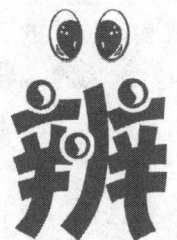  

我们一开始通过分类，知道了不能以貌取人，要学会预判危险。也许一生中你都不会遭遇这些危险，但是万一遇到了，也不要惊慌，可以用老师和妈妈给你总结的方法来解决。老师愿意和爸爸妈妈一起做你们的守护神，呵护你们健康快乐成长！

（板书：画爱心）

（三）当堂评价

师：通过今天的学习讨论，你们谁能做到不以貌取人，像小柯南一样机智？

（生举手，老师颁发小柯南奖牌）

师：谁的小手指像一把金钥匙，掌握了解决危险问题的方法？

（生举手，老师颁发金钥匙奖牌）

（四）教学延伸

师：请你们打开奖牌，把今天的收获记录下来（出示课件）。把你知道的危险情况打对勾，并且给自己评分，五分为满分。

生：自评打分。

师：回家讲给爸爸妈妈听，也请他们给你评价。

九、教学反思

本节课的亮点在于教会学生预判危险情况，并避免可能遭遇的危险。

学生对这个话题十分感兴趣，积极参与到活动中，受益良多。但让我们感到意外的是，家长也积极参与到这个过程中，了解相关知识，配合老师的工作。有的家长表示以后会在生活的具体情境中继续对孩子进行教育和指导。

一开始我把教学重点都放在了活动上，课上呈现的方式多以课件为主，通过试讲总结反思，我认为二年级学生年龄比较小，以形象直观思维为主，因此对教学过程做了修改，把重要环节的图片最终都保留在了黑板上，不仅强化了其记忆，也起到了突出重点和难点的作用，最后用红粉笔描绘的心形图案描绘了我们教师的美好愿望，希望通过本节课，给予学生方法的指导、能力的培养，为学生未来的美好生活奠定坚实的基础。

我觉得这部分内容对学生来说非常重要，但1课时是达不到我们预想效果的，所以我设计了一系列活动课。例如，在本课中，作为保护者形象出现的是妈妈；但是在家庭教育中，爸爸也承担着重要的任务，我们会设计相关的活动突出爸爸的形象和教育作用。再如，学校给学生安排了"女童保护"公益讲座，如果学生有质疑，我们会根据学生的需求，针对性侵害这个内容继续为学生进行具体的指导。

十、教学链接及附件

（一）性侵害的含义

性侵害是指加害者以威胁、权力、暴力、金钱或甜言蜜语，引诱胁迫他人与其发生性关系，并在性方面造成对受害人的伤害的行为。

（二）性侵害的特点

未成年人的体力、智力发育不成熟，认知能力、辨别能力以及反抗能力都比较差，有的甚至缺乏有效监护，因而容易受到伤害，应当受到社会的关注。另外，缺乏对未成年人不良行为及时关注和矫正，是导致未成年人受到伤害的深层次原因。

（三）性侵害的防范

教给孩子以下10个"守则"，尽量防止孩子受到伤害。

（1）凡背心裤衩覆盖的地方，不许别人碰。

（2）任何人的任何行为，只要让你感到痛或不舒服，就立刻反抗，即使是老师或其他有权威的人，也要敢于说"不"。

（3）孩子外出，应了解环境，尽量在安全路线行走，避开荒僻和陌生的地方。

（4）晚上女孩外出时，应结伴而行，尤其是年幼女孩外出，家长一定要接送。

（5）女孩外出要注意周围动静，不要和陌生人搭腔，如有人盯梢或纠缠，尽快向人多处靠近，必要时要呼叫。

（6）女孩外出，随时与家长联系，未得家长许可，不可在别人家夜宿。

（7）应该避免单独和男子在家里或是宁静、封闭的环境中会面，尤其是到男子家中。

（8）不随便吃喝陌生人给的食品或饮料。

（9）独自在家注意关门，拒绝陌生人进屋。发觉有陌生人进入应果断开门求救。

（10）不在无成人陪同情况下进入陌生公共场所。

与爸爸妈妈和睦相处
（三年级适用）

北京市西城区黄城根小学　　刘　伟

一、教学背景

（一）指导思想和理论依据

（1）《小学青春期性健康教育大纲》指出：学生在小学中低年级阶段的主要任务是，学会与家人的相处方法及对爱的理解；学会与父母的沟通方法及感情表达方法。本课重点讲解的是爱的五种表达方式，贴合了教育大纲的要求。

（2）《中小学心理健康指导纲要》指出：要加强自我认识，客观地评价自己，积极与同学、老师和家长进行有效的沟通。本课正是基于与父母进行有效沟通而开展的心理辅导活动。

（3）发展心理学指出，亲子关系是我们每个人来到世间的第一种人际关系，它对我们每个人的身心健康都是十分重要的。良好的亲子关系是亲子教育的基础，只有在关系和谐的状态下，孩子才会尊重父母，接受父母的教育；亲子关系不和谐，孩子逆反，父母再多的知识、经验、智慧都无法传递给孩子。良好的亲子关系来自良好的沟通，沟通不仅要用心，还需要技巧，有效的沟通技巧不仅具有针对性，更包含着平等、理解、信任、尊重等人本理念，并且是具体的、明确的、可实际操作的。本课运用萨提亚"爱的五种语言"来增进亲子关系。

（4）萨提亚"爱的五种语言"。

肯定的言辞——正向的肯定，发掘肯定对方所做的事情。

高品质的时间——付出个人时间，一起去散步，共度周末。

接受礼物——对方"真心想要"的礼物。

服务的行动——精心为对方做一件事，任何一件你觉得有意义的事。

身体的接触——握手、拥抱、依偎、按摩、亲吻等。

（二）学情分析

我校地处西城，一校四址。随着招生规模的扩大，现在既有当地居民、打工子弟，也有高端白领子女。学生家庭条件、父母知识文化层次差异较大。他们与孩子相处的时间和方式也不尽相同。因此，孩子们的情绪状态、学业成绩、同伴关系等也会受到影响。本课教学班为英语实验班，父母对孩子的期望很高，自身文化水平和工作条件也相对优越，但亲子关系也会出现紧张的状况。因此，设计了"与爸爸妈妈和睦相处"团体心理辅导活动，目的是调动学生对和谐亲子关系的情感体验，延伸学生对亲密关系的理解，帮助学生发现生活中父母的很多行为都是爱自己的表现，充分感受父母的爱，并愿意用行动来爱父母、理解父母。

二、教学目标

（1）知识目标：通过活动，指导学生发现生活中父母的许多行为都是对我们爱的表达。

（2）能力目标：学生愿意以积极的心态，运用爱的五种语言向父母表达爱。

（3）情感、态度与价值观目标：在活动体验中，引导学生感受父母的爱。

三、教学重点与难点

（1）教学重点：在人际交往中，爱的表达是男女生共同需要的，但表达爱的方式因人而异。

（2）教学难点：体会父母因性别、家庭分工不同，表达爱的方式也不同，学会理解、接纳父母给予自己的严厉的爱，并努力与他们沟通，掌握彼此喜欢的相处方法，促进亲子关系和谐发展。

四、教学准备

（一）课前活动

课前，根据中年级学生认知水平的特点，用问卷法对我校三年级的4个班进行了关于亲子关系的调查,收回有效问卷 184 份。

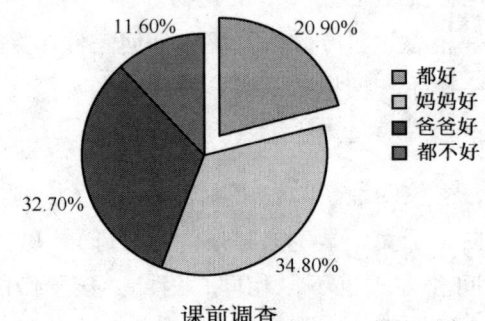

课前调查

通过问卷调查和访谈的结果发现,大部分学生不是很理解父母对自己严厉的爱,认为只对自己温柔才是爱。也有少数学生认为父母只有严厉,才是爱自己的表现。其中 20.9% 的孩子很喜欢父母双方的相处方式,11.6% 都不喜欢,67.5% 只喜欢一方的方式,喜欢妈妈的比喜欢爸爸的多。经过辅导后,都愿意努力与父母沟通改善亲子关系。

(二) 材料准备

轻音乐《My Sweet Valentine》《Spring》《你心中的微笑(Instrumental)》;与爸爸妈妈爱的表达照片,例如,一起做蛋糕、外出游玩等;每人两小张纸,男生蓝色纸,女生黄色纸;彩笔每人一支等。

(三) 器材准备

多媒体。

五、教学方式

(1) 良好的教学环境的设置:创设安全、开放、温馨的氛围。

(2) 增强学生的主体作用,调动学生的积极性、主动性。

(3) 运用清新舒缓的音乐与心理辅导相融合的方式开展教学。

(4) 倾听。基伯森(Gibson,1993)指出:学会倾听是心理辅导的先决条件。心理辅导条件下的倾听不同于一般社交谈话中的聆听,它要求辅导教师认真地听取对方讲话认同其内心体验,接受其思维方式,以求设身处地地思考与反馈。因此,在课堂上不随意插嘴讲话、任加是非评论乃至争辩,尊重每个学生的独特见解,并以关注、积极的态度表示来表现辅导教师对学生内心体验的认同和接纳。

（5）共情。人本主义心理学家罗杰斯认为，共情是对当事人的内心世界有准确犹如亲身体验的了解，当感受当事人的内心世界如感受自己的一样时就产生了共情。本次辅导陪伴着学生一次又一次发现自己学习中特别棒的地方，并和学生一起反思、分享后将宝石贴在自己身上，将学生情感的体验和辅导教师联结在一起，营造了一个安全、和谐的辅导环境。

六、教学概要

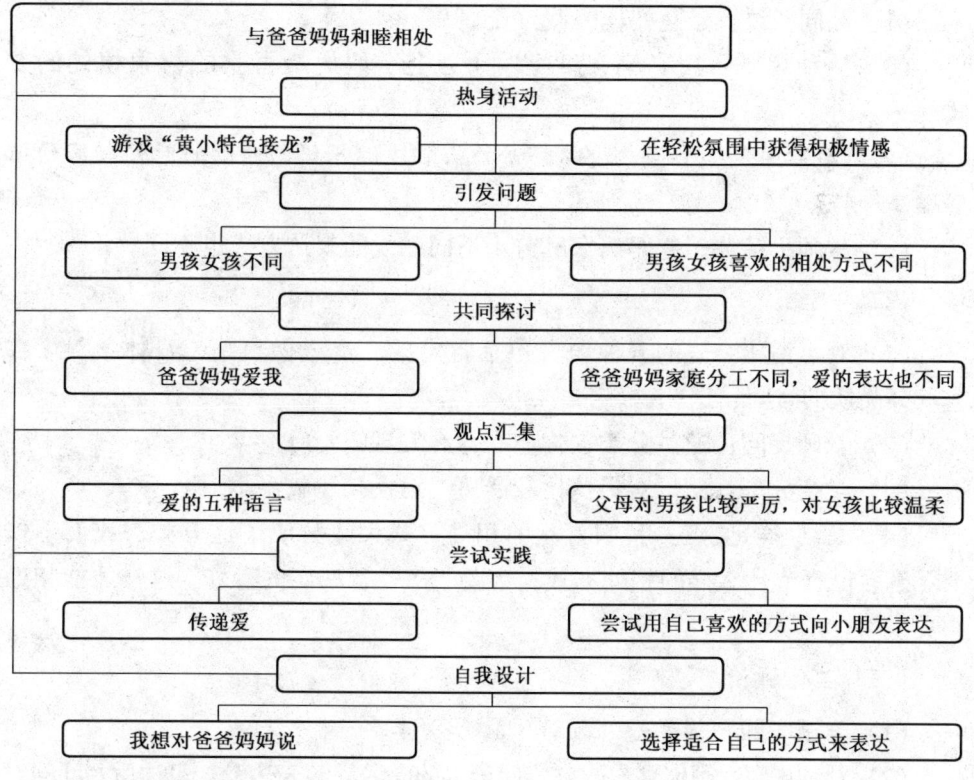

七、教学建议

适用对象：人数47人，三年级，男生和女生，普通学校。

八、教学过程

（一）步骤

1. 导入（知识准备，本课主题）

（1）热身活动：游戏"黄小特色接龙"。

(2) 游戏规则：黄小传统掌声后，接龙说"我喜欢的相处方式是……"

2. 教学活动

(1) 引发问题：男孩女孩不同。

(2) 教师提问：通过刚才的游戏，你们有什么发现吗？

(3) 学生分享：男生和女生喜欢的相处方式是不一样的，女生喜欢安静、平和，男生喜欢打闹。

3. 分享提高

(1) 共同探讨：爸爸妈妈爱我（配音乐）。

(2) 活动规则：用彩笔在纸上写下爸爸、妈妈最喜欢的与我相处的方式是……

（写好后贴到黑板上，左边贴爸爸的，右边贴妈妈的，贴的时候相同的内容贴在一起）

(3) 教师小结：爸爸妈妈家庭分工不同，爱的表达方式也不同。

（二）小结

(1) 观点汇集：爱的五种语言包括肯定的言辞、做事情、身体接触、在一起高品质的时间、送礼物。

(2) 教师提问：通过分类，你们有什么发现吗？

(3) 学生分享：父母对男孩比较严厉，对女孩比较温柔。

(4) 总结学习要点：我们喜欢的相处方式大致分成了这五类，我们不仅要了解自己喜欢什么样的相处方式，也要了解爸爸妈妈的喜好，这样才能相处得更融洽。

（三）当堂评价

(1) 尝试实践：传递爱（配音乐）。

(2) 活动规则：用你喜欢的方式向班里的一名同学表达爱，表达后，问问对方的感受，了解对方喜不喜欢这种方式？如果不喜欢，那么喜欢什么样的方式？

提问：传递爱带给你什么感受？

学生分享：感觉很温暖，彼此关系更亲近了。

教师小结：除了用自己喜欢的方式表达爱，更重要的是要了解自己的表达带给对方的感受是什么。

（四）课后延伸

(1) 自我设计：我想对爸爸妈妈说……（配音乐）

性健康教育教案

（2）教师提问：填好后谁愿意读一读？
（3）教师小结：我们和爸爸妈妈要相互了解，选择适合的方式来表达爱？

我想对爸爸妈妈说……

您的儿子：_____

我喜欢您 _____

_____ 我！

我知道爸爸喜欢我 _____

_____！

我知道妈妈喜欢我 _____

_____！

我想对您们说："_____

_____！"

我想对爸爸妈妈说……

您的女儿：_____

我喜欢您 _____

_____ 我！

我知道爸爸喜欢我 _____

_____！

我知道妈妈喜欢我 _____

_____！

我想对您们说："_____

_____！"

九、教学反思

（1）耐心等待和聆听。耐心地等待学生在不同的活动中获得充分的感受，聆听他们不完整和不同的表达，并给予关注和引导。

（2）积极的启发。启发学生自己发现问题、提出问题，在老师的引导下自己找出问题的答案和解决问题的方法。

（3）情感的共情。教师在心理辅导过程中成为与学生共同探讨问题的伙伴、朋友。主动与学生分享自己的感情和想法。

（4）辅导亮点：活动体验的方式多样化；板书设计强化了学习的广义性；辅导氛围和谐融洽。

（5）板书：男生贴上面，女生贴下面。

课本剧《争吵》
（三年级适用）

北京市燕山前进第二小学　刘静宜

一、教学背景

（一）指导思想和理论依据

《争吵》是人教版语文三年级下册第三单元中的一篇精读课文。故事重点讲了安利柯在同克莱谛争吵前后的心理变化，以及安利柯对整个事件的感受，从而告诉学生朋友之间要互相理解，彼此宽容。这些心理活动的描写真实地体现了克莱谛的个性特征：情绪易受外界干扰，无法控制自己的行为，但是心地善良、知错就改。课文讲述的这种心理活动，符合儿童的年龄特点，包含着小学生的人际交往方式。

（二）学情分析

少年儿童是善于模仿的，在刚刚学会走路、说话的时候，他们就能模仿爸爸、妈妈并用自己的玩具演"过家家""卖东西"，扮演小猫、小狗……在这种最初的模仿活动中，他们正接受着最朴素的真、善、美的熏陶。三年级的孩子即将进入青春前期，在交往中如果不懂得互相尊重、宽容，势必会影响他们的友谊。针对少年儿童喜爱模仿的特点，结合我校课题研究的主题"小学各学段人际交往的实践研究"，笔者把《争吵》这篇课文改编成课本剧，想通过这个课本剧为学生青春前期的异性交往做好铺垫。

二、教学目标

（1）知识目标：通过理解课文内容，使我们懂得人与人之间应该相互宽容。

（2）能力目标：懂得人与人之间应该互帮互助，团结友好。

（3）情感、态度与价值观目标：懂得同学之间应该团结友爱、相互宽容，并学着处理同学间出现的问题。

三、教学重点与难点

（1）教学重点：懂得人与人之间应该互帮互助，团结友好。

（2）教学难点：通过理解课文内容，懂得人与人之间应该相互宽容。

（3）性教育渗透点：通过理解课文内容，为学生青春前期的异性交往做好铺垫。

四、教学准备

（1）课前活动：调查等。

（2）知识准备：课程相关知识。

（3）材料准备：教具、视频。

（4）器材准备：多媒体。

五、教学方式

角色扮演。

六、教学建议

适用对象：小学三年级男生，性格较极端，脾气暴躁。

七、教学过程

场景一：教室

（上课铃声响起）

老师：（拍手）上课！现在请同学们翻到课本的第 41 页，开始抄写今天的"每月故事"吧！（随后走到崔媛媛身旁）崔媛媛，今天"小石匠"生病了，你先来替他抄写今天的"每月故事"吧！

崔媛媛：好的，老师。

（崔媛媛正在抄写的时候，旁边的王佳益忽然不小心碰了一下她的胳膊肘，崔媛媛手中的墨水滴到了笔记本上，本子被弄脏了，字迹也看不清了）

崔媛媛：（生气）哎呀！你一碰我，墨水都把本子弄脏了，什么字都看不见了，我全白抄了，你这个坏蛋！

王佳益：（微笑）我不是故意的。

崔媛媛：（不服气，瞥王佳益）哼！得了奖，有什么了不起！

（过了一会儿，她使劲碰了王佳益一下，也弄脏了他的本子）

王佳益：（生气拍桌子）你这是故意的！（举起手）

老师：（抬头看到）王佳益，你在做什么？

王佳益：（急忙缩回手，面带生气）我在外边等你！

崔媛媛：哎，王佳益是个好人，他绝对不是故意的。

旁白：此时的崔媛媛想起那次去王佳益家玩儿，他帮助父母亲干活的情形。（播放视频）

旁白：崔媛媛又想起他到家中的情景，她们全家都诚心诚意地欢迎王佳益，崔媛媛的父亲又是那么喜欢他的种种情形。（播放视频）

崔媛媛：哎，要是我没有骂他，没有做对不起他的事该有多好！（崔媛媛自己晃晃头，把头埋到胳膊里，感到懊恼）

旁白：此时，她又记起父亲的话来。

父亲：应该知错认错，如果是你犯了错误，一定要主动承认。

旁白：但是，要她向王佳益承认错误，她又觉得太丢脸。（捂着脸）她偷偷用眼角看王佳益，见他手都变得粗糙了，大概是因为干活太多的缘故吧。想到了这里，崔媛媛觉得王佳益很可爱，心里暗暗说"去向他认错吧"。可是"请原谅我"这几个字怎么也说不出来。（把头歪过去，一副想说又说不出来的样子，挠头）

王佳益：（不时用眼角瞥崔媛媛）我在外边等着你！（面色比较和悦）

崔媛媛：我也等着你！

旁白：此时的崔媛媛心里想着父亲对她说过的话。

父亲：要是你错了，别人打你，你千万不要还手，只要防御就是了。

崔媛媛：（小声说）我只是防御，绝不还手。

场景二：街上

（放学后，崔媛媛独自在街上走着，王佳益从后面跟上来）

王佳益：崔媛媛！

崔媛媛：（转身站住等他）

（王佳益走近崔嫒嫒，崔嫒嫒抬起胳膊）

王佳益：不，崔嫒嫒（微笑着用手拨开胳膊）。让我们像从前那样做好朋友吧！

崔嫒嫒：（愣住）

王佳益：（把手搭在崔嫒嫒的肩上）以后我们再也不吵架了，好吗？

崔嫒嫒：（激动地摆手）再也不了！再也不了！

场景三：回家

（回到家后，崔嫒嫒将这件事告诉了她的父亲，想让他高兴一下）

崔嫒嫒：爸爸，今天因为王佳益不小心弄脏了我的本子，我出于生气报复了他，并跟他发生了争吵。放学后，我记起您说的话，如果他打我，我只是防御，绝不还手，但是没想到王佳益反而向我道歉，我俩还保证以后再也不吵架了！（开心、面带喜悦地和父亲说）

父亲：（把脸一沉）既然你错了，就应该第一个伸过手去请他原谅，而不应该向一个比你高尚的朋友举起手！

崔嫒嫒：对不起，爸爸，我知道自己错了，我下次一定牢牢记住您的教诲，有错误及时改正，做一个知错就改的好孩子。

八、教学反思

在笔者执教的班级中，有一个男孩子，由于家庭原因，成了一个"浑不憭"的小伙子。在还没接手这个班的时候，我就对他有所耳闻，他是班里的小霸王，和同学之间经常会起冲突，动辄便挥拳头，这对他在班中的人际交往非常不利。后来我对他进行了说服教育，平时对他的生活更加关心，多与他沟通，因此他有了很大的进步，和同学之间的关系也有所改善。

身体信号灯
（三、四年级适用）

北京第二实验小学　慈建芳

一、教学背景

（一）指导思想和理论依据

1. 性健康教育的重要性

林慧莲在2006年的研究中指出，世界卫生组织报告在每年全世界新发生的3.33亿性传播疾病患者中，至少有1.11亿人是25岁以下的年轻人。联合国艾滋病规划署的报告指出：2005年年底，在全世界3860万艾滋病病毒感染者和患者中，有一半是15~25岁的青年人，青少年成为艾滋病蔓延最迅速的高危人群。在青少年犯罪案件中，性犯罪案件占18%~25%，呈继续上升的态势。这些触目惊心的数字无一不让我们意识到性健康教育的重要性。

2. 小学性健康教育现状

周月红在2011年的研究中指出，专家认为应在孩子还未进入青春期之前进行性教育，小学低年级是进行性教育的黄金时机。沈聪在2009年的研究中发现，我国青少年青春期开始的时间，女性为10~11岁，男性为11~12岁。和西方国家相比较，我国性健康教育长期处于落后状态，最重要的是意识方面的落后，从而带来师资、教材、家庭和社会等的一系列问题。

2008年，我国《中小学健康教育指导纲要》指出，小学低年级学生生长发育与青春期保健的主要任务是生命孕育、成长的基本知识，知道"我从哪里来"。中年级学生生长发育与青春期保健的主要任务是知道人的生命周期，包括诞生、发育、成熟、衰老、死亡；初步了解儿童青少年身体主要器官的功能，学会保护自己。高年级学生生长发育与青春期保健的主要任务是了解青春期的生长发育特点、男女少年在青春发育期的差异（男性、女性第二性征的具体表现）、女生月经初潮及意义（月经形成以及周期计算）、男生首次遗精及意义、变声期的保健知识、青春期的个人卫生知识以及体温、脉搏测量方法及其测量的意义。其中中年级学生最重要的任务是初步了解儿童青少年时期身体主要器官的功能，学会保护自己。

在我校进行性健康教育课题的研究过程中，发现了家庭教育的重要性，沈聪在《小学性健康家庭教育模式研究》中提到了家庭教育在性教育中的作用具有启蒙性、私密性、针对性、潜移默化性、灵活性。为此，我校致力于家校合作促进小学生性别角色形成的研究。

（二）学情分析

1. 家长问卷结果

共发放家长问卷 36 份，回收 34 份，有效问卷 34 份。其中女孩家长 16 位，男孩家长 18 位。在 34 份问卷中，23 位家长（68% 的家长）认为在三年级的学生健康教育中，最重要的一项是自我保护，6 位家长（17% 的家长）认为是同伴交往，3 位家长（9% 的家长）认为是自我认知，2 位家长（6% 的家长）认为是生理知识的教育。绝大多数家长认为自我保护的内容很重要。但是，对于如此重要的内容，却有高达 31 位家长认为他们跟孩子有关隐私部位的话题只是简单说明（见图1），因此家庭教育中关于性教育的内容还亟须加强。

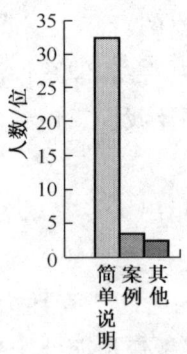

图 1　教育方法

对于孩子的隐私部位，有 15 位家长（44% 的家长）不能够完全准确地表达（见图2）。例如，有的家长认为男孩的手臂是隐私部位，女孩的脸部是隐私部位等，这些都是比较明显的错误。

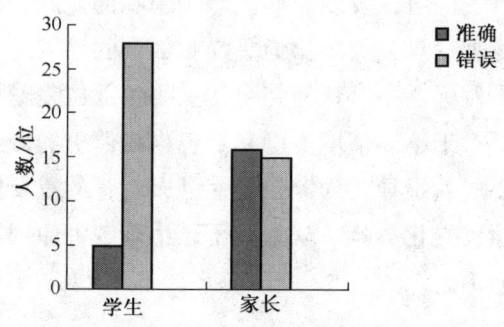

图 2 对于孩子们的隐私部位的调查结果

在谈到如何跟孩子谈论隐私部位的自我保护话题时，除了一位家长没有作答外，其他家长提到案例分享、教师上课、阅读绘本等方法，家长们都持有一种开放的态度。

2. 学生问卷结果

共发放学生问卷 36 份，回收 33 份，有效问卷 33 份。其中女孩 16 位，男孩 17 位。在这些问卷中，有 5 位同学（3 位女生和 2 位男生）准确指出了隐私部位是哪里，另外 28 位同学或漏选或多选隐私部位，说明大部分学生对于自己的隐私部位没有清楚的认识。31 位同学谈到他们了解隐私部位的知识来源于父母，14 位同学谈到他们了解的知识来源于老师，6 位同学谈到他们的知识来源于网络，4 位同学谈到他们的知识来源于同学，还有 1 位同学特别谈到他的知识来源于书本（见图 3）。

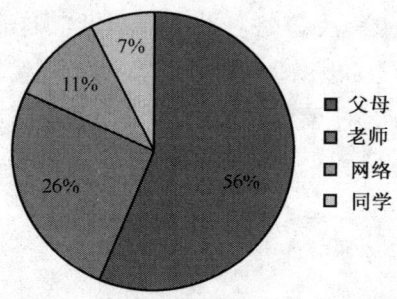

图 3 了解隐私部位的主要知识来源

33 位同学都认为应该保护好自己的隐私部位，但对于采用什么方法保护好，除了 1 位同学没有回答、1 位同学回答不知道外，其余同学提出不能暴露、不能触碰等，有个别极端同学提到武力解决等方法，可以看出大部分三年级学生已经拥有了一些保护自己的意识并掌握了一定方法。

综上所述，我们可以发现，学生对于隐私部位的认识不是很清楚，所以尽管他们有意识要进行自我保护，但是隐私部位的界限还需要再进一步澄清。这也是本课的教学目标之一：认清楚身体上哪些部位是隐私部位。同时，我们也可以看出，学生对于不同情境下隐私部位自我保护的做法没有明确认识，存在一些误区，需要成人指导。而家长对性健康教育的重要性有明确认识，但出于自身知识局限性、文化影响、认为孩子还小等各种原因，对孩子的教育以及与孩子的交流远远不足。

二、教学目标

（1）知识目标：学生和家长认识到哪些部位是隐私部位、敏感部位和安全部位。

（2）能力目标：学生能够根据不同情境进行适当反应，从而更好地进行自我保护。

（3）情感、态度与价值观目标：家长学习以开放的心态和学生讨论隐私保护的话题。

三、教学重点与难点

（1）教学重点与难点：指导家长和学生明确身体隐私部位，能够辨析情境，应用恰当方式保护好自己的隐私部位，家长和学生以开放的心态对隐私保护的话题进行讨论和分享。

（2）教学重点与难点解决策略：以"幸福歌"这个活动为引，通过活动创设情境，思考身体界限，以激发学生如何应对不同情境为主线，通过生生互动、师生互动、亲子互动，让学生在讨论中分享体验和收获。

四、教学准备

（一）课前活动

发放调查问卷。

家长调查问卷

家长：

您好！感谢您参与本次调查，健康教育是学校教育的重要组成部分，我们想了解一下在家庭中有关这方面的教育情况。本调查的答案没有对错之分，内容也是完全保密的,请您按照真实情况作答,在最符合情况的答案上打"√",谢谢您的合作!

您的孩子是:A. 男孩　B. 女孩

1. 您认为现阶段孩子的健康教育中,最重要的一项是(　　)。
   A. 同伴交往　　B. 自我保护　　C. 自我认知　　D. 生理知识
2. 您认为以下哪些部位是隐私部位(可多选)?(　　)
   A. 脸部　B. 手臂　C. 臀部　D. 胸部　E. 生殖器官　F. 其他
3. 您跟孩子谈论过有关隐私部位的话题吗?(　　)
   A. 充分讨论　　　B. 简单说明　　　C. 从无交流
4. 您觉得可以怎样和孩子谈论隐私部位自我保护的话题?

学生调查问卷

同学:

你好!谢谢你参加本次问卷调查,调查是关于健康常识的内容,请你在正确的答案上打"√",谢谢你的合作!

你是　A. 男孩　　B. 女孩

1. 你认为以下哪些是隐私部位(可多选)?(　　)
   A. 脸部　　　B. 手臂　　　C. 臀部　　　D. 胸部　　　E. 其他
2. 你从哪里了解到关于隐私部位的知识(可多选)?(　　)
   A. 父母　　　B. 同学　　　C. 老师　　　D. 网络
3. 你觉得隐私部位需要保护吗?(　　)
   A. 需要　　　B. 不需要

如果需要,你认为应该怎样保护?

(二) 知识准备

男女生的隐私部位包含哪些部位。

(三) 材料准备

音乐《如果感到幸福你就拍拍手》、儿童身体图(每小组一张)。

(四) 器材准备

多媒体、PPT。

五、教学方式

游戏、讨论、案例分析、快速强调

六、教学概要

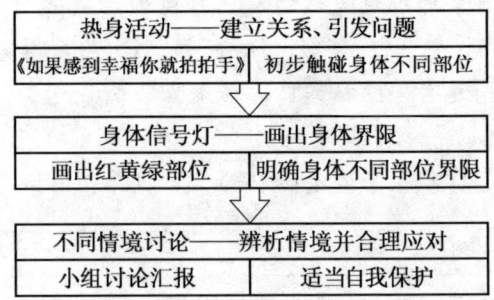

七、教学建议

适用对象：40名学生，6~8位家长，三、四年级，普通校和重点校均可。

八、教学过程

环节名称	教师活动	学生活动	目标
1. 幸福拍手歌	道路上的信号灯都有什么？ 不同的信号灯代表的含义是什么？ 身体信号灯代表了什么呢？ 这节课我们先来通过一个简单的活动感受一下。在活动过程中，请保持安静，听清楚老师的指令。 首先，请所有人起立，跟着音乐做动作。"如果感到幸福，你就拍拍手（拍拍腿，拍拍脸，抱一抱）……" 下面，邀请你的一位朋友，跟着音乐再做一遍，做的时候请观察，当你做出不同动作时，你的伙伴有什么反应。	红黄绿。 红灯停，绿灯行，黄灯等一等。 同学们按照要求做三次，与自己做，与朋友做，边做边观察。	热身方式。

续表

环节名称	教师活动	学生活动	目标
1. 幸福拍手歌	"如果感到幸福,你就握握手(拍拍肩,拍拍背,拍拍臂)……" (安全部位) "如果感到幸福,你就拍拍脸(摸摸眼,拍拍颈,摸摸腿)……" (敏感部位) 做不同动作时,你的伙伴反应怎么样? 跟小伙伴交流一下,全班分享。 正如我们刚才所分享的,我们的身体是有不同界限的。有些部位经人允许,陌生人都可以碰,比如手,就是安全部位;有些部位是亲密的朋友和自己能碰,比较敏感,不能随意触碰;还有些部位除了自己谁都不能碰,而且还不能暴露,它就是隐私部位。(板书)	小伙伴之间交流不同反应。 全班分享:(不同反应,关注那些做出不好意思动作的同学,请他们说一说)。 预设1:握手我觉得很自然。 预设2:摸脖子我会觉得不好意思。 如果学生说不出来,这时候邀请家人分享(成人不仅能够觉察不好意思,而且能够表达清晰)。成人是课堂重要的组成部分。	引出话题:安全部位、敏感部位和隐私部位。

续表

环节名称	教师活动	学生活动	目标
2. 动手贴一贴	请你想一想，哪些部位是你的安全部位，哪些是敏感部位，还有哪些是隐私部位？ 在老师为每个小组提供的一张人体简图上用红色标出隐私部位，用黄色标出敏感部位，用绿色标出安全部位。每种标志只有四个，请小组成员讨论确定。 完成的小组将人体图贴在黑板上。 请同学们观察这几幅图，看一看你有什么发现？ 对于安全部位，经你允许可以触碰，但国情不同，具体情况也不相同。对于敏感部位，不能随意触碰，因人而定，因国情而定。 但是对于隐私部位，几乎各国都认同，不能触碰，而且要保护好，公共场合不能暴露。 通过小组分享和辨析，我们都清楚了自己的隐私部位、敏感部位和安全部位，下面请同学们快速指一指自己的隐私部位、安全部位、敏感部位。	以小组为单位进行探讨，把红色贴在隐私部位，黄色贴在敏感部位，绿色贴在安全部位，并全班展示。 预设：确定隐私部位。 男生为臀部和生殖器。 女生为臀部、生殖器和胸部。 敏感部位为大腿、女孩肩部等。 安全部位为手、脸（国情不同）。 预设1：我觉得眼睛是隐私部位，因为它们是不能触碰的。 预设2：我觉得脖子是敏感部位。 预设3：我觉得脖子是安全部位。 （学生在辨析三种不同部位时容易发生困惑，请小组里的成人共同参与讨论。在全班分享时如果出现分歧，引导学生再一次学习三种部位的特点，从而辨析不同部位到底属于哪类） 跟随老师指令，快速指一指隐私部位、敏感部位和安全部位。	通过讨论，准确找出不同部位。 反馈同学们的学习效果。

续表

环节名称	教师活动	学生活动	目标
3. 我来出主意	了解人体的不同部位，对我们有什么启发呢？或者说，当我们生活中出现以下几种情况，请你用手势汇报是否可行？如果可行，说一说为什么；如果不可行，帮助处于该情境中的同学。 （1）班里某同学因为觉得好玩，开玩笑似地掀同学的裙子或拽裤子。 （2）当你和一个成人单独在一起时，他抚摸你的红色部位。 （3）医生检查你的隐私部位。 （4）陌生人做人工呼吸。 面对这几种情景，同学们觉得允许发生吗？如果允许，说明你的理由；如果不允许，说一说怎么办。 教师回应：有时候我们觉得不可能发生的事情，是因为我们身边的大人对我们都很友爱。可是真的存在这样的情况，有没有家长跟我们说一说您的所见所闻。	（1）绝对不可以。 （2）绝对不可以。 （3）监护人在场时可以。 （4）紧急情况下可以。 小组讨论你的做法，全班汇报。 预设1：首先，坚决拒绝，甚至大声呼救；其次，向师长求助。 预设2：首先坚决拒绝，大声呼救，无论结果如何，一定向家长求助。 预设3：我们觉得这种情况不可能发生，大人不可能抚摸我们的红色部位。 预设4：我们可以先使用技巧拖住对方，然后再寻求帮助。	在讨论中学会在不同的情境下如何进行自我保护。

续表

环节名称	教师活动	学生活动	目标
3. 我来出主意	教师总结：根据大家的汇报，我们发现有几点是很重要的。 （1）态度坚决。不是犹豫，而是非常直接而且坚决的。 （2）冷静，利用身边可以利用的资源寻求帮助。 （3）事后要跟家长说明。 相信大家学习这节课后，能够更好地保护自己。		
4. 回顾总结	请大家用一句话说一说这节课你的收获是什么？	预设1：我了解了什么是隐私部位、安全部位和敏感部位。 预设2：我知道了在很多不同的国家，敏感部位是不一样的。 预设3：我知道了在危险情况下，如何进行自我保护。 预设4：（家长）知道了如何跟孩子进行有关自我保护话题的探讨。 预设5：（家长）知道孩子们都已经了解了很多知识，可以跟他们探讨更多这方面的知识。	回顾能够帮助更好地记忆和理解。

九、教学反思

1. 成功之处

（1）顺利达标。设计的所有目标都通过课堂上检查完成。

（2）家长成为有利资源。家长在参加活动、小组讨论和全班分享的时候都成为重要的资源，很多时候学生能够意识到相关问题，但是表达不清楚，这时候家长成为课堂的参与者和贡献者，非常有价值。

（3）学生参与程度高，积极思考，提出很多有价值的问题。性健康教育话题在三年级学生的讨论过程中，我们发现他们不仅有很多可供分享的知识，而且有很高的参与热情。在问题研讨和分享环节，学生提出了很多良好的方案去解决问题。更让我们惊喜的是，在这个过程中，学生能够积极提问，提出了很多有价值的问题。例如，在讨论成人和孩子在一起的时候触碰隐私部位的问题时，孩子自然地提到了如果这个成人是老师怎么办。自然而然地把这一问题引向了社会关注的热点话题。同时，学生也认识到，不是所有的大人都是坏人，不至于草木皆兵。

2. 创新之处

家长参与分享成为课堂的积极资源，例如，在游戏体验中，很多同学在做动作的时候，对于安全部位和敏感部位是有体验的，但是觉察和自我表达是比较困难的，此时，大人的分享就成了重要的资源。

3. 改进之处

家长可以在其他环节成为更加积极的参与者，例如，在小组汇报时，大人参与程度比较低，此时如果他们能够提出有价值的问题，将会是课程的重要生成性资源。

助人为乐　大家快乐
（四年级适用）

北京市朝阳区安慧里中心小学　张爱珍

一、教学背景

（一）指导思想和理论依据

（1）依据《北京市中小学性健康教育大纲（讨论稿）》在小学三四年级学段目标中提到要求学生初步掌握人际沟通的方法，初步理解人际交往中尊重和负责，掌握表达好感的方法。

（2）学段内容中也提到了交朋友中建立友好关系的方法，表达友好情感的方法，遇到问题沟通的方法。人际关系中尊重、责任、体谅、合作与付出的含义和做法。

（二）学情分析

当今，随着社会的不断发展与进步，很多家庭只有一个孩子。家长更多地关注孩子的学习与发展，而忽略了对孩子交往方面的引导。很多孩子不知道如何与别人正确交往，不懂得什么样的孩子才是受人欢迎的，往往使自己陷入交往忧虑中，影响身心健康发展。所以教师在日常学习生活中要不断教给学生与他人正确交往的方法，使学生成为一个受欢迎的人。

二、教学目标

（一）知识目标

（1）通过"大树和小鸟"的游戏让学生初步交流并认识到受人欢迎的品

质有哪些,从而根据大家的选择确定本次活动的主题——助人为乐。

(2) 创设情境——勺子和汤,让学生讨论,如何做就能吃到汤,对照天堂和地狱的故事使学生了解助人为乐就是天堂。

(二) 能力目标

联系生活实际,体会助人为乐一定是基于大家的需要,在帮助别人给别人带来快乐的同时自己也会感到快乐就是助人为乐的真正含义。

结合案例分析,促进男女生在交往过程中要关注对方的感受,尊重对方的感受,从而学会在生活中建立良好的伙伴关系。

(三) 情感、态度和价值观目标

培养学生热心助人的态度,有帮助他人的意愿,从而提高班级学生的凝聚力,培养学生做一个快乐的、健康的人。

三、教学重点与难点

(1) 教学重点及策略:联系生活实际,体会助人为乐的真正含义。

(2) 教学难点及策略:促进男女生在交往过程中关注对方的感受,尊重对方的感受,学会在生活中建立良好的伙伴关系。

(3) 性教育渗透点:身体接触有界限。

四、教学准备

(1) 课前活动:通过观察了解学生之间交往以及男女生交往的困惑。

(2) 知识准备:了解男生与女生的生理特征,知道每个人的身体界限有不同与差异。

(3) 材料准备:大树、小鸟、树叶等简笔画,天堂和地狱视频。

(4) 器材准备:多媒体。

五、教学方式

讨论、表演、案例分析。

六、教学概要

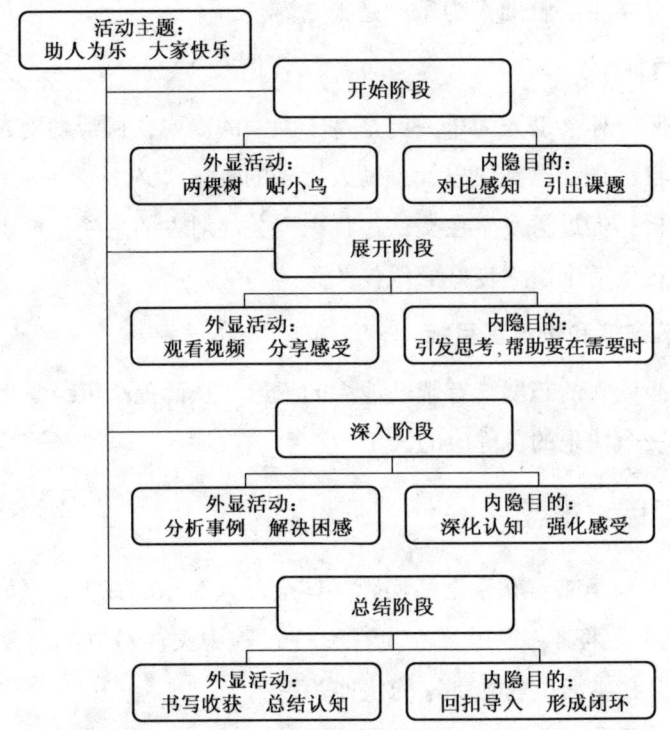

七、教学建议

适用对象：学生共 28 人，其中男生 11 人，女生 17 人。所有学生都走读，他们白天到校后在一起学习生活，于是出现了一些交往中的困惑。男生帮助女生的过程中有时注意不到性别的差异，让女生感到不舒服，甚至有时伤心哭泣。为了排除男女生交往的困惑，安排了此次活动。

八、教学过程

（一）步骤

1. 导入

简笔画：枝繁叶茂的树和一根树干。

师：如果你是小鸟，喜欢到哪棵树上玩儿？小鸟们快来吧。

（学生说原因）

师： 我也喜欢这棵树。小鸟与大树的和谐相处让我想到了我们的集体中同样需要这种和谐的氛围。经过前期调研，老师发现"助人为乐"的同学就像这棵大树一样受欢迎。

（板书：助人为乐）

2. 教学活动一——助人为乐的含义

（1）故事《天堂和地狱》。

师： 我们大家都会用勺子喝汤（出示图片勺子），假如发给每人一把 2 米长的勺子，大家围成一圈，要怎样才能喝到汤呢？

（学生讨论）

师过渡： 刚才这个问题出自一个经典的故事。

（播放视频《天堂和地狱》）

故事概要：有一个人想知道天堂和地狱的区别，就去找上帝。上帝带他去地狱看，地狱里有一口装满食物的大锅，可这里的人却都饿得要命，因为他们每个人都拿着一个长柄的勺子，柄太长，食物送不到嘴里，所以他们吃不到食物。上帝又带他去天堂，结果看到了同样装满食物的大锅，同样的长柄的勺子，所不同的是人们生活得很幸福、快乐，根本不存在饿肚子的情况。

（看了视频你受到了哪些启发？）

师过渡： 吃不上饭的感受，像地狱；互相喂食的感受，像天堂。仅仅一口汤而已，他们为什么会这么快乐呢？

（学生回答）

师小结： 你帮助了别人，别人得到了快乐，而与此同时你也同样得到了一份快乐，这就是助人为乐。

（2）分享生活中的事例与感受

在我们的生活、学习中，我们都喜欢热情、乐于助人的人，能得到别人的帮助是幸运和幸福的；而帮助别人，最大的回报就是快乐！（助人为乐）帮助别人就是帮助自己。

（出示照片）

把你的事情和大家分享。

（强调双方的感受）

3. 教学活动二——男生女生交往的困惑

师： 今天，老师还给大家带来了一位同学，他的名字叫强强，可是最近他却因为帮助别人产生了苦恼,你能替他分析一下原因吗?

《强强的烦恼》

一次体能训练期间,小丽在做坐位体前屈的时候,因为好朋友小美生病没来落了单,强强赶紧上前帮忙,没想到却被小丽拒绝了。强强心里有些不舒服,好心帮助她为什么反而遭到拒绝了呢?女生小华也是一个人,走过来说:"咱俩一组吧。"强强给她按了几下,看旁边同学骑到了背上就也学着他们骑到了小华的背上,没想到小华特别不高兴,她不但把这件事告诉了老师,还委屈地哭了。

请大家对这件事进行讨论。

预设:我不喜欢男生碰我。

强强是男生,骑到女生的背上太不尊重人了,难怪小华会哭。

每个人的身体界限不同,小丽不喜欢男生碰她的身体,所以就拒绝了。

小华的身体界限没有小丽那么敏感,但是男生女生之间还是要注意帮助的方法,尊重对方的感受,这样的帮助才是大家最需要的。

……

师小结:帮助女生,要看对方是否需要自己的帮助,还要注意方法,注意身体界限,做到尊重对方的感受。女生帮助男生也一样,了解对方的需要,尊重彼此的感受,这样的帮助才能真正让别人和自己都快乐。

4. 分享提高

(1)出示照片,学生描述当时的情况。

提问:遇到上面的问题你会怎么办呢?

(学生表演)

(2)判断题。

1)小美的家庭作业有一道题不会写,强强过来说:"我帮你写吧。"

2)周末,丽丽和同学几人来到葫芦岛,看到一个老奶奶提着好多东西,吃力地往前走,赶紧上前帮忙。

3)小丽衣服的拉链开了,军军主动走过去想帮她。

(3)PPT资料:随着年龄的增长,我们会发现,男女生在生理和心理上的差异越来越明显。女同学心细,但会变得更为敏感。男女生之间开始出现界限,案例中小丽明显比小华的界限要明显,这时就需要男同学多加注意。有时男女生之间需要保持一定的距离,男同学大大咧咧,有时不太注意对方的感受，就会出现以上问题，甚至会和女生出现冲突，产生烦恼。

（二）小结

（1）这节课你有哪些收获？请写到树叶上。

（2）总结：这节课我们就助人为乐一点展开了讨论。在帮助强强的过程中明白了，帮助他人，要看别人是否需要，还要关注对方的感受，关注界限，尊重对方的感受，才会既快乐别人也快乐自己。回去后把这节课的收获和家长进行交流。

（三）课后延伸

现在独生子女居多，因此，伙伴间的交往也是很多家长所关注的话题，他们经常会一起相约带着孩子到外面走走玩玩，同样发现了孩子们之间的相处需要关注，当发现矛盾的时候他们会积极想办法去化解，但对于一些专业知识他们知道得比较少，这节课的内容我会推广到家长中，让家长参与到学生的教育中来，从而促进班级学生在交往过程中学会与他人相处，男女生学会相处，且相处愉快。

九、教学反思

这节课的设计依据本班学情，开头以简笔画导入，通过介绍小鸟与大树的和谐相处，引发学生思考我们的集体中同样需要和谐的氛围。根据前期调研，我发现"助人为乐"的同学就像这棵大树一样受大家欢迎，然后创设情境给学生长长的勺子喝汤，再借用故事《天堂和地狱》揭示互相帮助就是天堂，缺少帮助的生活就像地狱。从而引导学生明白在别人需要时帮助别人，也会使自己获得一份快乐。然后我出示生活中互相帮助的照片，引导学生结合具体事例交流，强化内心的感受。为了解决学生交往中的困惑，深化主题，我以案例的形式让学生去分析，再以生活中的照片做支撑，引导学生一步步深挖，从而让学生了解帮助他人要关注对方的感受，关注身体界限，从而做到尊重别人的感受，才会真正地快乐别人、快乐自己。

做最好的自己
（四年级适用）

北京市石景山区古城第二小学　李晓彤

一、教学背景

（一）指导思想和理论依据

教育部《中小学心理健康教育指导纲要》指出：小学高年级心理健康教育的主要内容包括，帮助学生确立正确的自我意识，树立人生理想和信念，形成正确的世界观、人生观和价值观。这就突出强调了小学阶段学生人格辅导的重要地位。在人格形成的过程中，性别因素一直在起重要作用。任何一种性别角色都不是天生就有的，它是社会化的产物，性别意识不会自然生成，需要在学生的成长过程中由家长、教师有意识地进行辅导。由此可见，性别意识教育在构建全面、健康的人格中起着不可忽视的重要作用。然而，无论是教师、家长还是学生自身，都存在着不同程度的性别刻板印象，如女生比男生细心、男生比女生有创造力等，这种刻板印象的根深蒂固影响到学生对自我的认知以及其能力的发展。

反思当前国内的性别意识教育，多是依赖单一性别的教育，而对双性化理论所强调的融合和打破性别特征壁垒限制、实现性格协调发展关注不够。此外，家长、教师和社会中的大量有意或无意的鼓励和引导，更强化了男孩、女孩在性别角色方面的不同。这些教育及影响潜移默化地形成了一种性别壁垒，约束了孩子人格形成过程中的全人化发展。

随着社会的发展和思想的解放，性别角色观念逐渐摆脱过去的传统印象，不再仅仅要求男性应该坚强勇敢、女性应该温柔文静，单一且传统的性别角色特征已无法适应迅速变化的社会，因此研究者开始倡导双性化人格。所谓双性化人格，是指一个人同时具有男性气质和女性气质中优秀人格的心理特征。本节课基于上述思考，以双性化理论为依据，旨在通过教学，让学生多角度地认识自己、接纳自己，进而通过发掘两性的优秀人格品质，为自己设置一个理想的自我人格形象，不断地向理想中的自己努力，做最好的自己。

（二）学情分析

随机抽取四年级的 60 名同学，其中女生 32 人，男生 28 人，平均年龄 $9.97±0.45$ 岁。采用"性别刻板印象"量表中的"行为特征分量表"对这 60 名同学进行性别刻板印象的调查，量表共 27 个特征词，1~5 分别代表比较符合男生—完全符合女生。结果发现，学生在文静（$M±SD=4.41±0.80$）、乖巧（$M±SD=4.14±1.13$）、温柔（$M±SD=4.31±1.02$）、细心（$M±SD=4.30±1.01$）、体贴（$M±SD=3.97±1.04$）、害羞（$M±SD=4.08±1.06$）等特征上存在明显的女性化性别刻板印象；而在竞争、勇敢、冒险、冲动、好动、粗心等方面存在显著的男性化性别刻板印象。

由此可见，在学生的性别意识中，认为女生更内向、安静，而男生更外向、好动。温柔的男生会被同学议论，而好动、具有冒险精神的女生则会被称为"女汉子"。这对学生双性化人格的形成和发展是不利的。

二、教学目标

（一）认知目标

（1）意识到自己存在性别刻板印象及其不合理性。
（2）在体验中打破性别刻板印象，树立双性化性别意识。

（二）情感目标

体验到发现性别刻板印象，打破性别刻板印象，以及学习双性化性别意识的诸多感受。

（三）行为目标

（1）尊重自己和他人的性别，尊重表现出异性特点的同学。
（2）树立理想的自我形象，做最好的自己。

三、教学重点与难点

（1）教学重点：通过课堂活动，让学生能够深入、全面、客观地认识自己具有的性别刻板印象。合理认识异性身上的特点，认识到自己身上也具有异性的性格特征，自己也需要培养和学习异性的性格特征。

（2）教学难点：真正打破性别刻板印象，通过辅导，在未来的生活和学习中注意双性化特征的养成，做最好的自己。

四、教学准备

（1）课前活动：准备"性别刻板印象"量表。

（2）知识准备：性别刻板印象；双性化教育。

（3）材料准备：PPT演示文稿、写有性格形容词的纸条、画纸、铅笔。

（4）器材准备：多媒体等。

五、教学方式

讨论、游戏等。

六、教学概要

探索活动，引导发现→打破提升，引导学习→理想自我，设计未来→总结所学，提升认识。

七、教学建议

适用对象：四年级，男生女生、住宿生、流动人口、普通校、重点校等学生都适用。

八、教学过程

（一）探索活动，引导发现

1. 活动：人物设计——在活动中发现性别刻板印象

请同学们4人为一组，展开合作。按照以下给出的性格特点设计出两个人物形象（性别、穿着、外貌），并将它们画出来。

（板书：在黑板的左侧和右侧分别贴出写有人物1和人物2性格特点的纸条）

人物1：体贴、亲切、温和、细心、善解人意。

人物2：机智、勇敢、自信、有魄力、冒险精神。

2. 引导分享

每组两名同学展示设计，分享思路。

预设：人物1为女性，人物2为男性。

（学生表现出明显的性别刻板印象）

提问与过渡：在同学们的眼中，人物1和人物2存在着性别差异，人物1更可能是女性，人物2更可能是男性。在座的同学有男同学，也有女同学，你们身上有这些特点吗？下面，我们通过游戏"激流勇进"来寻找我们班的人物1和人物2。

3. 游戏："激流勇进"——在体验中打破性别刻板印象

假想自己在一艘船上，这艘船在海上行驶。在海上，可能会遇到轻轻的海风，也可能会遇到惊涛骇浪。

当老师说"海风吹"时，同学们就问"吹什么"，老师说："吹_____的人"，具有这种特点的同学请站起来大声喊："我是_____的人。"然后坐下。

当老师说"波涛涌"时，同学们大声喊："激流勇进！"

（1）教师分别说人物1和人物2的特征，请同学们观察起立同学的性别。

预设：人物1和人物2都会有男生和女生站起来。

（2）请同学们分享自己在哪些风吹的时候站立起来。

引导思考：人物1必然是女性，人物2必然是男性吗？

我们为什么在最初的时候把人物1设计成女性，把人物2设计成男性了呢？

（3）引出性别刻板印象的概念，让学生分享他们具有的性别刻板印象，以及现在的想法和感受。

4. 过渡

正如同学们所言，这些特征我们从男性和女性的身上都可以观察到。不信，来看看下面的例子。

（二）打破提升，引导学习

1. 呈现榜样，打破壁垒，进一步修正刻板印象

呈现榜样照片：何炅；李娜。

请同学们讨论这两个人物身上都具有哪些人物1和人物2的性格特点。

提问与引导：看了这两个例子，你有什么感受？由此引出当下热议的"暖男"和"女汉子"现象，并让学生讨论。

2. 自我探索，发现榜样，树立双性化性别意识

正如同学们所发现的，这些性格特点不只是单一性别的特点，古今中外，就有很多这样既有男性特点又有女性特点的人，你们能列举一些你们周边的例子吗？

3. 重回活动，改变认知，接纳双性化人格特点

好了，现在，就请同学们带着欣赏的眼光看看黑板上最初属于男生和女生的特点，如果黑板中间代表男生和女生的共有区域，你们会怎么摆放这些特点？

（学生将纸条从黑板的两侧移向中间，人物1和人物2鲜明的对立被打破）

（三）理想自我，设计未来

（1）请你用黑板中间的这些词，重新为自己设计一个形象：

我是一个男（女）生，我有自己的长处，也有自己的不足，我为自己是一个男（女）生而骄傲。

我希望自己既有男生（女生）的_____特点，也有女生（男生）的_____特点。为了实现这一点，我会_____做。

我爱我自己，我更会不断努力，做最好的自己！

（2）让学生默读理想自我卡，体会这种自我悦纳、自我欣赏的感觉。默读两遍后，老师带着同学们大声朗读，让孩子们在更加强化这种感受的同时，树立向着理想自我而奋斗的目标，鼓起行动的力量。

（四）总结所学，提升认识

同学们，虽然基因决定了我们的性别，性别影响了我们的性格，但这并不意味着男生只能做男生的样子，女生只能做女生的样子，最好的自己，是不仅有男生的性格优点，也有女生的性格优点。希望同学们突破性别刻板印象，做最好的自己。

九、教学效果及反思

（1）无论是在课前的调查中，还是在课堂的体验活动中，学生的性别刻板印象都表现得普遍且明显。这种性别刻板印象也影响了学生对于个体外表、行为表现及职业选择的态度，例如，大部分学生认为粗心、急躁是男生的性格特点，而顺从、体贴是女生的性格特点；又如，大部分学生认为工程师和总经理更可能是男性所从事的职业，而护士和美容师更可能是女性所从事的职业。这种性别刻板印象直接影响了学生对自我、同性以及异性的看法，更影响着学生的学习和未来发展。因此打破学生的这种刻板印象，使其树立双性化的性别意识，对学生的学习自信、人格发展、未来规划都是极为必要和迫切的。

（2）基于调查展开教学设计，使得教学有的放矢。以活动的形式引导学生觉察自己的性别刻板印象，进而审视和打破自己的刻板印象，以较为自然流畅的方式推进学生自我探索和自我顿悟，是活动的成功之处。

（3）教学更侧重于学生认知的改变，所列举的例子更多的是名人榜样，如果能设计一些实操性的活动，使学生从中亲身体验在不同的任务和场合，需要自己表现出不同的性格特点，而这些性格特点中不乏常常被认为是属于异性的性格特点，那么学生对性别刻板印象的认识以及对双性化人格特征的体验会更深刻。例如，男同学在写作业的时候需要更细心，女同学在体育课上跳双杠的时候需要更勇敢。

触摸春天
（四至六年级适用）

北京市东城区和平里第一小学　张　璠

一、教学背景

（一）指导思想和理论依据

使少年儿童逐步建立、形成有益于健康（尤其是性健康）的理念、行为，自觉选择健康的生活方式，促进身心健康发展，改善生活质量，建立健康快乐人生。

（二）学情分析

（1）对待残疾人，总体处于积极向上的状态，但女生对待残疾人的怜悯心、同情心要高于男生。

（2）他们已经有性别意识，会不禁相互吸引，嬉戏打闹；但又会下意识抵触、排除异性或经常与异性同学发生冲突。

二、教学目标

（一）知识目标

（1）学习生字词，知道课文中的盲童是用"手摸月季花、嗅花香，偶然轻触蝴蝶"的方式感受春天。

（2）了解作者的写作方法及内心感受。

（二）能力目标

体验身体有残疾的青少年在生活中的不便之处并能有所感受。

（三）情感、态度与价值观目标

不排斥异性同学，与其友好相处。尊重他人，热爱生活，感受生命的珍贵。

三、教学重点与难点

（一）教学重点及策略

（1）教学重点：体验身体有残疾的青少年在生活中的不便之处并能有所感受。

（2）教学策略：通过学习课文、观看视频、实践体验活动，感受盲童在生活中的不便之处，明白其困境。

（二）教学难点及策略

（1）教学重点：不排斥异性同学，与其友好相处。

（2）教学策略：通过男女生相互配合体验盲童前行的活动，使他们之间架起信任的桥梁，逐渐缩小距离感。

（三）性教育渗透点

通过语文课文的学习以及教学中穿插的实践活动，让学生们切身体会身体有残疾的青少年在生活中的不便之处。要具有同情心、怜悯心，能在日常生活中尽自己所能帮助残疾人。同学间不排斥异性同学，与其友好相处。学会尊重他人，热爱生活，感受生命的珍贵。

四、教学准备

（一）课前活动

（1）口头调查：生活中是否主动帮助过同龄的残疾人。

调查结果是女同学更愿意帮助他人，而且同情心、怜悯心高于男同学。

（2）心里话调查：你对班中的异性同学有何意见（看法）？出现矛盾时你是如何处理的？

调查结果是大部分男女生之间都发生过矛盾。孩子们的反应不是回避，就是相互言语讥讽，有过类似经历的孩子都想寻求到解决问题的最佳方式。

（二）知识准备

语文课文《触摸春天》，常识资料《如何正确引导盲人行走》。

(三) 材料准备

视频。

(四) 器材准备

多媒体、眼罩。

五、教学方式

盲人前行实践体验。

六、教学概要

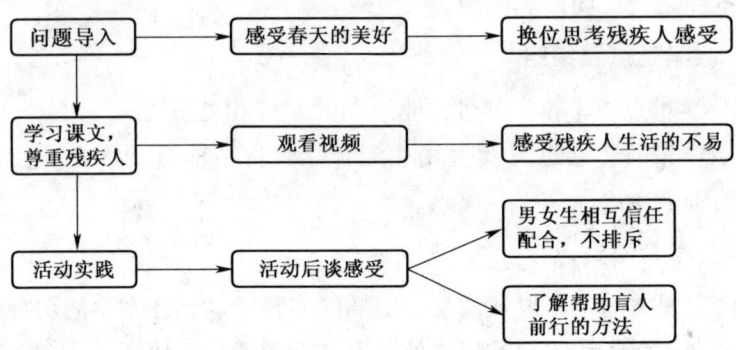

七、教学建议

适用对象：中高年级，30~40人，除特殊学校外，其他学校的中高年级男女生均可参与。

八、教学过程

(一) 步骤

1. 问题导入

春天到了，我们每天都用眼睛去感受着美丽的春天。但如果你是一个盲童，当遇到这么美丽的春天时，你又有什么感受呢？

【设计意图：引发学生换位思考。】

2. 学习课文，学会尊重

学习生字词，理解课文，知道盲童是用"手摸月季花、嗅花香，偶然轻触蝴蝶"的方式感受春天。虽然她身有残疾，但她却和我们一样，也有一颗爱心，对春天的爱，对生活的爱，对生命的爱。她是值得我们尊重的。

（播放视频：了解现实生活中盲童生活的不易）

提问：如果你在生活中遇到如视频中那样身体有残疾的同龄人，你会歧视他们吗？如果他们有困难，你会因为他们和你的性别不同而不帮助他们吗？你会怎么做？

【设计意图：通过课文的学习和观看视频，知道身体有残疾的同龄人在其他方面和我们正常人是一样的。也正是如此，更要尊重他们。】

3. 教学活动实践

小游戏：全班学生到走廊中——男生戴黑色眼罩，女生扶着男生，随着老师口令的引领在楼道中走一趟。然后互换，女生戴眼罩，男生扶着女生。在此过程中，教师引导学生有意识地学习一些正确帮助盲人的知识。

活动结束后，引发学生思考：说说戴上眼罩走路时的感受，再说说刚才活动中你对同伴的感受。

【设计意图：①在活动中，男女生除了体验盲人在生活中的不便之处外，更要学着相互信任，互相配合。②对待异性同学不要存有强烈的性别排斥感。③了解正确帮助盲人前行的方法。】

4. 知心话

你有什么话想对和你性别不一样的同学说？平时有什么做得不对的地方，如何跟异性朋友相处？

【设计意图：通过实践活动，给学生们搭建一个相互信任的平台，摒弃排斥感。鼓励他们在日常生活中正确地与异性同学友好相处。】

5. 板书设计

触摸春天

尊重他人　愉快相处

（二）小结

1. 教师总结教学要点

在语文文本学习中，加入实践活动环节，学生除了从文章中了解作者及主人公的感受，更能从切身的独特体验活动中加深情感。把健康教育与语文课程教育相互结合、相互渗透，潜移默化地引导学生，既完成了语文教学任务，又能解决学生们日常生活中的一些困惑，一举两得。

2. 学生反馈

在知心话环节"你有什么话想对和你性别不一样的同学说？平时有什么做得不对的地方，如何跟异性朋友相处？"学生反应不一：有的羞于自己以往的言行，不愿再提及；有的表示今后要慢慢改变自己的言行，做有礼之君；还有的则是希望今后能多做一些此类异性互动活动，打破彼此尴尬，让男女生之间关系更融洽、和谐。

3. 学生谈收获

今后要冷静对待异性同学间的矛盾。发生矛盾可以让班中其他同学进行调节或者找老师评判。男生应该有度量，礼让女生，同学间不能使用口头或文字暴力，更不能恐吓、威胁他人。

（三）课后延伸

一段时间后，再安排一次知心话环节。请同学们谈谈在经历本次活动后与异性同学的相处态度、方式是否有变化，自己又为此做了哪些改变。

九、教学反思

（一）日常教育教学

（1）就学生表现出来的一些心理、行为问题不能盲目地以道德品质来评判。

（2）一味用规章制度去惩罚、去"教育"，无疑可能会带给孩子二次伤害，甚至致他们于万劫不复的深渊。

（3）除了解情况、做出正确判断、纠正孩子行为举止外，更重要的是防患于未然，从思想引导做起。

（二）本课特色

（1）学生通过课文和实践活动体验盲人在生活中的不便之处，感同身受，能同情、帮助残疾人。

（2）了解一些简单的帮助盲人的技巧。

（3）通过实践活动，与异性同学相互合作，相互信任。

（4）将健康教育与其他课程教育相互结合、相互渗透，潜移默化地引导学生。

（三）改进之处

（1）渗透内容描述过多，语文课程学习的描述较少。

（2）在体验盲人前行活动中，应给学生们制造一些障碍，使他们在困难中更深刻地体会互助的可贵性。

十、教学链接及附件

（一）教学过程相关知识

盲人定向行走理论。

（二）教学过程中使用活动文字叙述

让学生在楼道中体验盲人前行的感觉。选择数量相等的男女两队人，男生先蒙上眼罩，由女生搀扶男生前行。在此过程中，发现女生搀扶男生的姿势各种各样，于是适时引导学生学习正确帮助盲人前行的方法——语言征求对方同意，用手背轻触对方手背，让其知道引路者手的位置，盲人会从手摸索到小臂、大臂，握住手肘处，再退后半步。此时，引路者可以带着盲人前行。女生按此方法引领男生前行体验后，互换体验。

（三）教学过程中使用的图片

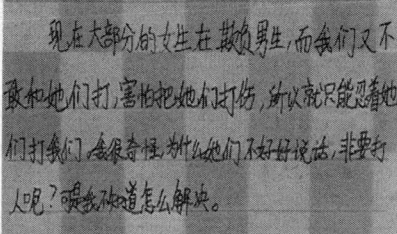

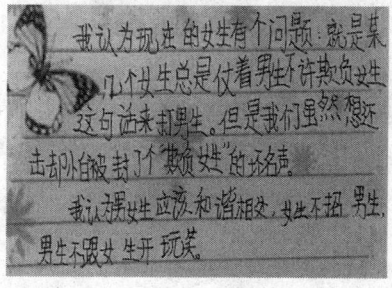

"朋友"来了不烦恼
（四至六年级适用）

北京市大兴区第四小学　李迎杰

一、教学背景

（一）指导思想和理论依据

青春期是一个性机能由不成熟向成熟转变的过渡时期，其年龄一般女性为11~18岁。当女孩出现月经时，说明她们的性机能正在逐渐成熟。此时体重和身高迅速增加，性心理和性生理变化较大。为了使青少年适应这些变化，健康地成长，需要帮助她们做好月经初潮前的心理准备和青春期的自我保健。本课"'朋友'来了不烦恼"意在帮助女孩们以一种积极乐观的态度走近月经，了解它存在的意义，以全新的角度转忧愁烦恼为坦然接纳。

（二）学情分析

女孩们在女生课堂"小裤衩、小背心"一课中已经知道了如何保护自己的隐私部位，在"保护这里靠自己"一课中掌握了自护方法，初步养成了良好的卫生习惯。到了高年级，女孩们又迎来了一位新"朋友"——月经。月经初来乍到，这使她们产生了很多困惑，由于涉及隐私部位，所以又感到羞涩，月经的到来又会在生活中带来许多不方便，因而感到烦恼。因此这节课要为她们答疑解惑，揭去月经神秘的面纱，带她们走出这座神秘花园，让她们消除烦恼，为今后幸福的人生道路打好基础。

二、教学目标

（1）知识目标：了解青春期的身体变化，知道青春期的卫生常识，扫除心中的疑惑。

(2) 能力目标：能够说出自己的心事，与家长、老师、小伙伴坦然交流，克服羞涩、恐惧、烦恼的心理。

(3) 情感、态度与价值观目标：悦纳自己，期待自己的成长，提升自我保护意识。

三、教学重点与难点

(一) 教学重点及策略

了解青春期身体和生理变化及其卫生知识。本课所采用的教学方式为课中调查、课中交流、合作、探究等。

(二) 教学难点及策略

了解来月经的意义，产生使命感，能够以更加积极的态度悦纳这种现象，消除心中的烦恼。

(三) 教学方法

教学方法以知识讲解为主，游戏引导激发兴趣，情感融入解开心结。

学生在自学知识中获取，在交流分享中提升，在角色扮演中感受。

四、教学准备

(1) 课前活动：调查。
(2) 知识准备：课程相关知识。
(3) 材料准备：视频、音乐、纸笔。
(4) 器材准备：多媒体

五、教学方式

讨论、案例分析、角色扮演、游戏。

六、教学流程

游戏导入，引出"朋友"→学习知识，接受"朋友"→充分准备，善待"朋友"→勇敢说不，保护"朋友"→畅谈感受，帮助"朋友"。

七、教学建议

适用对象：小学高年级女生。

八、教学过程

（一）游戏导入，引出"朋友"

（1）猜一猜照片上的女孩年龄大约是几岁？

这就是女孩的成长过程，由一个小婴儿渐渐长大。越长越可爱，越长越漂亮，越长越水灵。

【设计意图：梳理成长过程，激发学习兴趣，体会成长的神奇与美好，激发爱自己的意愿。】

（2）孩子们，你们每个人长得都是那样的与众不同，美丽、灵动，是爸爸妈妈送给你们的最好礼物，所以你们一定要好好爱护身体的每一个部位。随着年龄的增长，你们的身体在悄悄地发生着变化，有的同学已经迎来了，有的同学即将迎来一位新的"朋友"——月经。

猜一猜，"13~55岁""42年""1800"这几个和月经有关的数字是什么意思？

在我们人生大部分时间里，月经同我们形影相随，我们要像朋友一样了解它，珍惜它，呵护它。这节课我们一起来学习"'朋友'来了不烦恼"。

【设计意图：这组数字让学生深刻地体会了月经与女人一生相伴时间之长，日久生情，那么女人对待月经要像朋友一样，相处、相知、相爱，继而很顺畅地诠释了本课"朋友"一词的含义。】

（二）学习知识，接受"朋友"

面对这位"朋友"，同学们心中一定像打翻了五味瓶，有各种滋味，有喜悦，有担心，有困惑，没关系，这节课老师就带你们走进这位"朋友"的世界，去揭开它神秘的面纱。

1. 提出问题，讲出困惑

你能说一说第一次来月经的感受吗？

（通过交流梳理问题，在电脑上打出关键词语）

【设计意图：学生提出的问题一定是她们迫切想知道的，她们想知道什么，老师就有针对性地解决什么。此环节还有一个作用就是明确本课目标，引

出以下教学内容。】

2. 答疑解惑

（1）为什么会来月经？

（观看视频）

【设计意图：视频能够直观地讲解月经形成的过程，很自然地突破了本课重点。】

子宫就是女人孕育小宝宝的地方，女性卵巢每月排卵一次，如果没有受孕就会形成经血，女孩们每个月都要为长大后当妈妈做准备。

（2）看看图片上的幸福妈妈，你有什么感受？

【设计意图：体会母爱的无私、伟大、幸福，对"朋友"的光临产生自豪感、使命感，从而消除内心的抵触和烦恼情绪。】

（3）有趣的名字。

前几天听到几个同学的对话，她把月经称为"倒霉"，我相信在之前你也会有同感，通过刚才的学习，你一定会改变对它的称谓，你还知道其他的名字吗？

【设计意图：根据人们对月经不同的理解与感知，给它起了很多的名字，大名是那样地明确，小名是那样的亲切，有学名有昵称。看，"朋友"的名字都能够给我们带来无限的乐趣！】

（4）利用材料，吸取"营养"。

关于这位"朋友"，还有很多秘密，同学们利用手中的学习材料自学。

【设计意图：自学知识，了解朋友，帮助学生揭开月经的神秘面纱。】

（5）测测亲密度。

出示填空题，共同解答。

（三）充分准备，善待"朋友"

1. 为什么会不舒服

出示资料，从生理学角度解释不舒服的原因。

【设计意图：轻微疼痛不是病，放下包袱，不烦不恼，轻松应对。"朋友"脾气掌握好，来来去去无烦恼。】

2. 做好护理小卫士

有些同学不痛经，是不是就不需要做什么了呢？

学生的回答是否定的，她们提供了一些卫生常识，如经常清洗下身。学生回答得不全面。我送给学生一个爱心卡，里面用"三字经"的形式告诉学生要做哪些经期护理。

【设计意图：给予学生细心的呵护，"三字经"形式易理解、易记忆，学生读一读，背一背。在经期可参照爱心卡护理，时时提醒自己。让学生明白"做好护理小主人，'朋友'舒服我精神"的道理。】

（四）勇敢说不，保护"朋友"

来月经了，意味着女孩们拿到了做妈妈的通行证，在自豪、高兴的同时你们更应该保护好自己的身体，女孩的身体是神圣不可侵犯的，当有的人想要接近你，尤其是对你的隐私部位感兴趣时你应该怎么办？

学生提出各种方式拒绝，例如，我还小，请你尊重我；我不是你们认为的坏女孩；找其他人帮助等。

【设计意图：本环节是对月经作用的一种解释与升华，是向学生渗透性行为的教育，让她们产生自我保护、自尊自爱的意识。由于学生年龄较小，所以点到为止。这也为下一节课的性保护教育打下了一个基础。】

（五）畅谈感受，帮助"朋友"

（1）没有"朋友"的同学，你们听了这堂课有什么感想？

【设计意图：没有来月经的同学一直都是听众，这个环节让她们参与其中。让她们说一说感想和收获，当"朋友"来临时，知道自己应该怎样做，消除恐惧心理。】

（2）有了"朋友"的同学，你们此时有什么收获？假如我是一位刚刚来"朋友"的同学，你会在哪些方面为我提供帮助呢？

【设计意图：学生谈帮助的过程中，梳理了知识，通过创设情境，让学生产生帮助他人的愿望。】

（3）欣赏一首诙谐幽默的歌曲《大姨妈之歌》，结束本课。

坐看风起云涌，静赏花开花谢。以轻松自在的心情对待"朋友"，怀感恩之心、敬畏之心，你我携手同行，成长幸福无限。何烦之有！

九、教学反思

这节课教师从学生的实际需要出发，每一个环节都围绕主题，从知识上补给，从能力上提高，从思想上升华。

和睦相处，基于互相了解。相濡以沫，基于给予担当。女孩们通过本课的学习,敞开心扉,羞涩的心灵之花打开了。她们理解了月经这位"朋友"在女人生命中的重要位置、意义和价值,从而更加自爱、自制、自重。

此外,"卫生巾的使用"是"'朋友'来了不烦恼"一课的延续。

不足:本课环节较多,但授课形式较单一,希望在下次教学中改进。

十、教学链接及附件

(一) 教学过程相关知识

月经形成的原因、周期、经量、其他名称以及痛经的原因。

(二) 教学过程中使用活动文字叙述

"游戏导入,引出'朋友'"这个环节中我首先出示一组由婴儿到少女的图片,让学生猜一猜照片上的女孩的年龄,这就是女孩的成长过程,这个环节的目的是梳理孩子的成长过程,激发学习兴趣,让女孩们体会成长的神奇与美好,激发爱自己的意愿。然后,猜一猜这几个和月经有关的数字是什么意思?"13~55岁""42年""1800"这三组数字都说明一个女人一生中这么长的时间和月经相伴,从而让学生深刻地体会月经在女人一生中相伴时间之长,日久生情,那么女人对待月经要像朋友一样,相处、相知、相爱,继而很顺畅地诠释本课"朋友"一词的含义。

"学习知识,接受'朋友'"这个环节中让学生提出问题,讲出困惑。通过交流梳理问题,在电脑上打出关键词语。设计意图是学生提出的问题一定是她们迫切想知道的,她们想知道什么?老师就有针对性地解决什么。此环节还有一个作用就是明确了本课目标,引出以下教学内容。

在答疑解惑这个环节中有五个小环节:

(1) 为什么会来月经?通过观看视频,直观地了解月经形成的过程,很自然地突破了本课重点。

(2) 看看图片上的幸福妈妈谈感受,孩子们畅所欲言,通过感官和心灵的碰撞体会母爱的无私、伟大、幸福,对"朋友"的光临产生自豪感、使命感,从而消除内心的抵触和烦恼情绪。

(3) 有趣的名字这个环节中让孩子们知道人们根据对月经不同的理解与感知,给它起了很多的名字,"朋友"的名字都能够给我们带来无限的乐趣,用有趣的名字代替传统的"倒霉"一词。

(4) 利用材料,吸取"营养"。自学知识,了解"朋友",帮助学生揭开月经的神秘面纱。

（5）测测亲密度。让学生在解答题目中获取知识，加深印象。

在"充分准备，善待'朋友'"这个环节中，首先，让孩子们知道来月经为什么会不舒服？通过学习一组资料，让学生从生理学角度解释不舒服的原因。让学生知道轻微疼痛不是病，放下包袱，不烦不恼，轻松应对。其次，让学生做好护理小卫士。教师送给学生一个爱心卡，里面用"三字经"的形式告诉学生要做哪些经期护理，在经期可参照爱心卡护理，时时提醒自己。

在"勇敢说不，保护'朋友'，"这个环节中，学生知道来月经了，女孩的身体是神圣不可侵犯的，当有的人对你的隐私部位感兴趣时应该怎么办。本环节是对月经作用的一种解释与升华，是向学生渗透性行为的教育，让她们产生自我保护、自尊自爱的意识。由于学生年龄较小，所以点到为止。这也为下一节课的性保护教育打下了一个基础。

在"畅谈感受，帮助'朋友'"环节，首先，让没有老朋友的同学谈感想，因为没有来月经的同学一直都是听众，这个环节让她们参与其中。让她们说一说感想和收获，当"朋友"来临时，知道自己应该怎样做，消除恐惧心理。其次，让有了"朋友"的同学谈收获，并且为刚刚来"朋友"的同学提供帮助。让学生在谈帮助的过程中，梳理知识，通过创设情境，让学生产生帮助他人的愿望。最后，欣赏一首诙谐幽默的歌曲《大姨妈之歌》结束本课。

保持距离，和谐相处
（五、六年级适用）

北京大学附属小学石景山学校　敖春鹏

一、教学背景

（一）指导思想和理论依据

《北京市中小学心理健康教育指导纲要》明确指出："小学高年级心理健康教育的内容和要点包括：帮助学生认识到个体之间存在的差异，初步掌握与家长、老师和同学等不同人群交往的基本方法，建立和维持良好的同伴关系。"《北京市中小学性健康教育大纲（讨论稿）》中提及高年级学段的目标包括"理解并学习异性交往的原则、方法与礼仪"。

小学高年级学生友谊观开始确定，他们需要了解不同人际距离和合适的相处方式，来帮助自己维持良好的同伴关系，促进恰当的异性交往。美国人类学家爱德华·霍尔博士划分了四种区域或距离，各种距离都与对方的关系相对应。人们的个体空间需求大体上可分为四种距离，即公众距离、社交距离、个人距离、亲密距离。

（二）学情分析

六年级的学生处于少年心理向青年心理过渡的时期，这时既想了解异性，又害怕与异性接触，经常很难把握与异性同学之间的距离。经过前期访谈了解到，班级里存在着以下现象：有些同学杜绝与异性的任何交流，有些同学却和异性勾肩搭背不懂得保持恰当的距离。本节课以活动体验为主，突出"活动性、体验性、互动性、主体性、趣味性"等特点，使学生能够深入理解和把握四种人际距离，了解与异性相处的恰当距离和合适方式。

二、教学目标

（1）知识目标：认识到和异性相处的合适距离和合适方式，知道不同情境下与异性交流的恰当距离。

（2）能力目标：通过游戏、活动与分享讨论逐步深入地了解两性合适的距离、合适的相处方式，学会与异性保持恰当距离，以尊重的方式和谐相处。

（3）情感、态度与价值观目标：感受保持恰当距离后的自然和谐，以及与异性在集体环境下交流的快乐。

三、教学重点与难点

（1）教学重点及策略：认识两性相处的合适距离和恰当方式。

（2）教学难点及策略：学会与异性保持恰当距离，以尊重的方式和谐相处。

四、教学准备

（1）课前活动：访谈调查异性交往困惑。

（2）知识准备：四种人际距离。

（3）材料准备：两副眼罩、PPT。

（4）器材准备：多媒体。

五、教学方式

讨论、游戏、情境判断等。

六、教学概要

（1）察觉两性距离。

（2）了解四种距离。

（3）保持恰当距离。

（4）距离情景演练。

七、教学建议

适用对象：人数约40人，五年级和六年级。

八、教学过程

活动序号	活动名称	活动目的	活动过程	活动时间
			活动内容	
一	察觉两性距离	通过活动鲜明对比，使学生意识到异性同学之间接触时的拘谨和不自然状态，帮助学生明白处于青春期的正常行为表现及其原因，进而能够接纳自己的行为，在与异性交往时采取恰当的方式。	1. 活动规则 （1）"盲人"被眼罩遮住眼睛，"哑巴"紧闭嘴巴，不能说话或出声。 （2）一个"哑巴"帮助一个"盲人"完成任务（与后两侧同学击掌）。 （3）任务完成后站在原地等候。 （4）大家来观察"哑巴"的做法。 2. 活动过程 （1）对比活动：第一环节与第二环节两组"哑巴"扶"盲人"方式很不相同（预设：前者比后者自然）。 环节1：同性之间引导，帮助"盲人"完成指定任务。 环节2：异性之间引导，帮助"盲人"完成指定任务。 （2）提问：两次活动中"哑巴"帮助"盲人"的方式有什么不同？为什么？ 3. 总结 这是进入青春期正常的反应。你们现在处在青春期刚开始的时候，也就是疏远异性的阶段，男女生开始有了自己的小秘密，开始注意自己的形象，这个时候既想了解异性，表面上又尽可能地疏远异性，这些特点都导致我们在与异性相处时不知道该保持怎样的距离。	8分钟
二	了解四种距离	通过讲解和示范四种人际距离，学生能找到与异性接触的恰当距离和合适方式，学会尊重异性，与异性自然相处。	1. 观看动画：四种人际距离（板书），即公众距离、社交距离、个人距离、亲密距离。 2. 体验距离 （1）两人相对，体验距离（找两组同学，一组同性，一组异性）。 脚尖对脚尖站好（亲密距离）。 向后退一步（个人距离）。 再向后退一步（社交距离）。 还向后退一步（公众距离）。	15分钟

续表

活动序号	活动名称	活动目的	活 动 内 容	活动时间
二	了解四种距离	通过讲解和示范四种人际距离，学生能找到与异性接触的恰当距离和合适方式，学会尊重异性，与异性自然相处。	（2）活动分享：通过体验，你对这四种距离有什么感受？ 预设：同性可以保持亲密距离，而异性不可以。 3. 关系演示 （1）不同距离的友好方式。 预设：亲密距离——拥抱相搂、说私密话。 　　　个人距离——握手、交谈。 　　　社交距离——微笑、挥手。 　　　公众距离——大幅度挥手、大声说话。 （2）同性好友相处方式：选择你俩最合适的距离（亲密距离）。 （3）异性同学相处方式：选择你俩最合适的距离（个人距离）。 （4）活动分享：从两组不同关系的演示中，你看出了什么？ 预设：异性之间保持个人距离不远不近，既便于交流又大方自然。 4. 小结 男女生之间保持恰当的个人距离，可以自然、大方地交流。学会尊重异性，并与其自然相处，就是对对方的一种尊重。	15分钟
三	保持恰当距离	通过体验活动与分享，学生进一步理解并对安全距离有深刻认识。	1. 活动体验：保持距离 （1）从座位站起，男女生并排站着，自然。 （2）男女生靠近距离，别扭，不好意思。 （3）面对面交流：找到恰当的距离。 预设：与异性太近了，觉得很别扭，应该保持个人距离。 2. 小结 从同学们的发言我们了解到，在与异性交往时其实是与同性不同的，需要我们注意保持恰当的距离，这也是对别人的尊重，异性间需要这样的尊重。	7分钟

续表

活动序号	活动名称	活动目的	活动内容	活动时间
四	距离情境演练	通过呈现图片判断生活中距离远近，学生能够明确要保持的恰当距离。	1. 呈现距离图片，学生进行判断 图片1：男女两人单独手牵手。 图片2：游戏活动时多人手牵手。 图片3：男女两人独处勾肩搭背。 图片4：游戏活动时勾肩搭背。 图片5：男女生在无人屋里共同学习。 图片6：公园里游玩，碰到异性同学。 2. 小结 男女生在交往时不仅要注意保持恰当的距离、采取合适的方式，还要注意避免单独相处，多参与集体活动。	8分钟
五	收获精华	通过总结提升，学生懂得与异性相处要避免单独相处，保持恰当的距离，采取合适的方式。	学生谈感受。 教师总结：保持距离、把握分寸、避免独处、和谐共处。	2分钟

九、教学反思

1. 成功之处

本节课活动环节清晰，主要围绕合适距离和不同距离的合适方式展开，学生能够在活动中掌握四种人际距离，体会到要保持的恰当距离和合适的相处方式。

2. 创新之处

本节课以体验式活动为主，学生乐于参与其中并体验，突破了教学重点与难点。

3. 改进之处

（1）如果第四个环节可以将学生学习生活中发生的实际情况录像呈现并进行判断效果会更好。

（2）课后需要跟踪观察学生行为表现效果。

在不同中成长
（六年级适用）

北京市黄城根小学　杨培荣

一、教学背景

（一）指导思想和理论依据

《中小学心理健康教育指导纲要》指出，小学高年级心理健康教育的主要内容包括：帮助学生正确认识自己的优缺点和兴趣爱好，在各种活动中悦纳自己；开展初步的青春期教育，引导学生进行恰当的异性交往，建立和维持良好的异性同伴关系，扩大人际交往的范围。本次辅导就是在这一指导思想的引领下展开的。

（二）学情分析

学生进入高年级，出现了一些对异性同学的正常心理表现，例如，好奇、被吸引、害羞等。但是在心理防御的影响下，他们出现的反向行为却是相互排斥、相互攻击、挑剔异性同学的一些性别特点。这样的情况造成了学生无法悦纳异性同学的同时也不能更好地悦纳自己的性别特点。萨提亚女士说过一句话："我们因为相同而连接，我们因为不同而成长。"如何引导异性同学在不同中相互学习和成长，是引发我思考的一个问题。

二、教学目标

（一）知识目标

以脑科学为依据了解男生女生的不同之处，感受到因为了解自己和异性同学的新奇与快乐。

（二）能力目标

在理解的基础上接纳异性的行为不同，在礼节上尊重。

（三）价值观目标

悦纳自己，做自己最擅长的事；男女平等。

三、教学重点与难点

（一）教学重点及策略

本次辅导的重点是以脑科学为依据了解男生女生的大不同，对异性同学和家人的一些行为等多一些理解。课程中将呈现更多直观的脑科学研究成果，在改善认知的基础上产生理解。

（二）教学难点及策略

引导学生在悦纳自己的同时理解他人，理解人与人之间"因为相同而连接、因为不同而成长"的理念。

四、教学准备

（1）课前活动：小调查"我要离你有多远"。
（2）知识准备：查找脑科学与两性差异的资料。
（3）材料准备：学生成长卡片。
（4）器材准备：多媒体等。

五、教学方式

讨论、交流、分享。

六、教学概要

（1）有趣的小调查，引入主题。
（2）左右半脑功能大不同。
（3）科学与发现。
（4）新的理解与决定。
（5）男女平等，悦纳自己，选择多元。
（6）总结。

七、教学过程

(一) 引入主题

(1) 有趣的小调查"我要离你有多远"。

出示图片：

①公交车上，陌生人和你贴得很近。

②考试成绩好，老师摸着你的头称赞你。

③当你摔倒时，旁边一位阿姨把你扶起来。

(2) 如果你正在经历这些情境，看看别人对你做出的行为中，哪些是你乐于接受的，就选择绿灯；哪些是你勉强接受的，就选择黄灯；哪些是你无法接受的，就选择红灯。

(3) 同学们以举手的方式分享、统计。

(4) 看到调查结果，分享自己的发现和感受。

(5) 教师小结：刚才调查的过程中我们发现了男生和女生的不同，而对这些不同的发现与理解，会带给我们许多成长。今天，我们将结合对大脑的一些科学研究来了解男生和女生的不同。今天所呈现的研究结果中，也许有一些和你在生活中感受的情况很相符，也许有一些和你的观察和感受不太相符，甚至完全不符，这都很正常，因为我们呈现的是科学家统计后大多数的情况，而我们每一个人都是独一无二的，所以我们这节课是对一个大多数情况的学习。

(二) 左右半脑功能大不同

(1) 出示大脑左右半脑功能图，学生自由读懂图片。

(2) 分享中了解大脑的结构以及左右半脑的不同功能。

(3) 明确这幅图会帮助我们理解下面的知识。

(三) 科学与发现

1. 第一组研究带来的发现

(1) 教师出示第一组图片和说明。

①8 岁以前，女孩的左脑发育得比男孩快。然而，男孩右脑发育得比女孩快。

②女生讲话时大脑中活跃的区域和男生讲话时大脑活跃的区域对比。

③女性的胼胝体比男生的更厚实，扫描后的大脑神经回路图显示女性左右

脑的连接点比男性的多出30%，因而她们的左右脑之间便有了更紧密的联系。与之相比，男性的大脑前区和后区连接性强。

（2）学生结合这组知识与对生活的观察，谈谈对男生女生不同的理解。

2. 第二组研究带来的发现

（1）过渡：除了左右脑发育和神经回路的不同外，男生女生大脑内部发达部位和化学反应等方面还存在着许多的不同。

（2）教师出示第二组图片并说明图片出现的以下内容：

①在女生眼中有二十多种颜色，在男生眼中只有几种。

②男生对距离和方位比较敏感，女生对颜色和地标比较敏感。

（在知识呈现的过程之前，请学生做一个小小的体验游戏，请同学指路，向老师介绍怎样去学校周围的一个商场）

③男生女生在情绪困扰事件后的核磁扫描亮起的区域不同，这源于男生制造血清素的速度比女生快52%。

④科学统计报告显示：男人每天只需要讲7000个字，而女人需要讲20000个字。

⑤女生更容易揣测别人脸上的表情？因为女生对脸部表情的辨识比男生快0.02秒。

（3）学生再结合这组知识与对生活的观察谈谈对男生女生不同的理解，这里可以是对家人、同学等的观察。

（四）新的理解与决定

（1）请同学综合今天所学习和分享的内容，想一想你对男生女生的差异有了怎样新的理解？在今后的学习生活中，你在与异性的长辈、同学、熟人或陌生人相处时，你有了怎样新的决定，或者有了什么新的策略呢？

（2）学生思考今天所学习的知识后，在成长卡片上写下自己的新发现、新理解、新决定、新策略。

（3）全班分享。

（五）男女平等，悦纳自己，选择多元

（1）出示男生女生大脑智力差异资料。

美国加利福尼亚大学一项研究发现，决定男性智力的主要是大脑灰质，而决定女性智力的主要是大脑白质。尽管男女两性的这两种物质在大脑中的数量差异悬殊，但他们平均智力水平是一样的。男性大脑中决定智力的灰质总量是女性大脑的 6.5 倍，而女性大脑中决定智力的白质总量是男性的 10 倍。测验中男女两性表现出的平均智力水平是一样的，表明两性的智力是"殊途同归"，不同的大脑可以达到同样的智力水平。

（2）出示数学成绩优异的男生女生择业调查表。

（3）分享资料带来的思考。

（4）教师小结：学生有可能会因为个别项目男女生的择业差异产生女生还在职场中处于弱势的想法，这时需要有一些引导，例如，理解差异，考虑家庭和社会的分工与需要，关注社会的变化，发现并悦纳自己的独特性，尊重多元的选择，做自己最擅长、最喜欢的工作，无论它是什么，无论别人怎么评价。

（六）总结

真正的平等，不是比较谁更优秀，而是理解、尊重彼此差异，做各自最擅长的事，能自由选择自己喜欢做的事，做最好的自己。今天，我们了解了许多男生和女生的不同，通过对不同的了解，也更好地了解了我们自己。我们因相同而连接，我们因不同而成长！祝贺大家今天的成长！

八、教学反思

（一）接纳源于理解，理解从认知改变开始

一个机缘，我在微信中看了一位中国台湾教授的一次演讲，内容是关于男性女性大脑神经和激素水平等方面的不同引发行为等的不同。经反复看了几次，受到的启发是：异性同学的相互接纳，源自于他们彼此的理解，而理解首先要有认知上的改变。所以我有了设计这节课的念头，就是要通过脑、心理、社会等科学对于男女大不同的一些研究成果，去碰撞和拓宽学生原有的知识建构，在认知改变的基础上，才会有一种恍然大悟，去理解周围异性同学、家长的一些行为，进而才有可能接纳。

（二）关注事实，没有说教，开放、平等、尊重，自主发展

在课题组组织的荷兰专家的培训中，我学习到了许多性教育工作的重要理念。其中一条我很受启发，就是在真实、严谨呈现事实和科学的基础上，对受教育者的理解和选择呈一种自由、平等、开放、价值中立、尊重的态度。没有说教，没有"应该""必须"等的控制，没有教师价值观的"推销"。在这一

理念的影响下，本节课的教学中我收集并呈现了许多科学研究的成果，以"科学与发现"为题引发学生交流讨论自己的感受，使学生在开放、平等、尊重的氛围中得到自主的发展。

（三）知行互迁，引领未来，增强辅导实效

认知的改变迁移到行为的改变，才会使本次辅导的效果落实和强化。我引导学生思考对于男生女生的差异有了新的理解之后，未来在与异性的长辈、同学或陌生人相处时，学生会有怎样的新决定或新策略？之后又在男女生智力差异和未来择业差异方面呈现了一些研究数据，目的都是希望本次辅导能够实现知行迁移，能够放眼于未来，引导学生在悦纳异性的同时更好地悦纳自我，做最好的自己。

学会交往　快乐成长
（六年级适用）

北京市海淀区上地实验小学　刘学会

一、教学背景

（一）指导思想和理论依据

随着青春期的到来，学生在生理上发生了巨大的变化，心理上也出现了前所未有的新特点、新体验，进入了人生发展的关键期。表现在人际交往方面，一方面，面对身体上的差异而产生害羞、好奇的心理；另一方面，开始对异性产生朦胧的好感，有了了解异性、接近异性的欲望。异性间健康的交往或友谊有助于个性的全面发展，会使学生性格开朗、情感丰富、自制力增强，有利于培养学生健康的性心理。但在这一阶段，由于年龄、知识和社会经验等原因，他们对社会、情感、伦理、人生真正的含义还理解不深，所以会遇到很多困惑与苦恼，如果不能好好地把握自己、发展自己，就会影响学习，甚至给以后的人生发展留下阴影。对学生进行青春期异性交往的辅导旨在走进学生的心灵，帮助学生实现正常的人际交往，促进心理的健康发展，顺利地度过人生的花季。

（二）学情分析

学生进入青春期后，在与异性交往时存在各种问题。为了更好地解决问题，对全年级34名学生进行了问卷调查。

（三）问卷题目

（1）你愿意与异性交往吗？为什么？

（2）与异性交往有哪些益处和弊端，简单说一说。

（四）问卷分析

通过问卷调查发现，65%的学生表示不愿意与异性同学交往，其中男生不愿交往的原因是女生交往时过于暴力、爱打人。女生不愿交往的原因是男生讨厌、欠招，以及男女生交往会引起他人误会、有人起哄等问题。以往，只要我们一提到青春期，话题总离不开"早恋"。而大量调查问卷显示，在小学阶段多数学生所遇到的异性交往问题多是羞于与异性交往以及渴望得到异性的关注却不知如何与异性交往。因此，此次教学定位于"学会交往、快乐成长"，使学生认识异性交往的意义并掌握与异性交往的方法，从而使自身不断完善、自我发展。

二、教学目标

（1）知识目标：了解青春期异性排斥期、异性吸引期、恋爱期不同阶段身体及心理的变化。

（2）能力目标：学会与异性交往的方法，并在课堂及实践中解决克服害羞、起哄、欠招等常见问题。

（3）情感、态度与价值观目标：正确认识青春期异性交往的重要意义与必要性。

三、教学重点与难点

（1）了解青春期异性排斥期、异性吸引期、恋爱期不同阶段身体及心理的变化。

（2）学会与异性交往的方法，并在课堂及实践中解决克服害羞、起哄、欠招等常见问题。

四、教学准备

（1）设计调查问卷。

（2）材料准备：制作多媒体课件。

五、教学方式

讨论、辩论、角色扮演。

六、教学概要

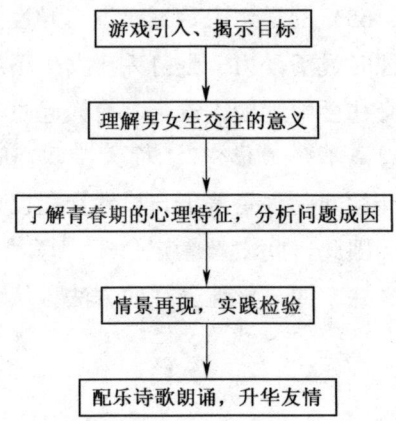

七、教学建议

注意男女生比例要恰当。

八、教学过程

(一) 游戏引入、揭示目标

(1) 游戏——找朋友。

(2) 观察发现：基本上男同学的好朋友都是男同学，女同学的好朋友都是女同学。

(3) 发现男女生交往的问题：①交往暴力；②欠招；③起哄；等等。

(4) 教师小结：揭示主题。

(二) 理解男女生交往的意义

(1) 辩论：男女交往利大于弊还是弊大于利。

(2) 讲解异性交往的重要意义：①能力的互补；②心理上相互激励；③健全人格。

(三) 了解青春期的心理特征，分析问题成因

1. 游戏铺垫

猜年龄（幼儿园游戏图片）。

2. 青春期知识讲解

青春期：异性排斥期—异性吸引期—恋爱期。

异性排斥期也称为同性吸引期。这大多出现在小学高年级和初中低年级。这个时期男女生因为自己的生理变化和身体上所出现的第二性征的差异而萌生的一种对异性交往感到害羞、不安甚至厌恶的心理变化，从而不愿或不好意思与异性交往，其实这是青春期性意识的觉醒，也是每个人都要经历的过程。

异性吸引期：随着心理和生理上的成长，男孩女孩都慢慢接纳了自己生理上的变化，摆脱了心理上的封闭状态，逐渐对异性产生好奇，并且渴望得到异性的欣赏，吸引异性的注意，乐于与异性交往。

3. 分析交往问题的成因

这些交往的问题多数是由青春期这种害羞、不安、好奇、渴望的心理引发的。

4. 师生对话、提炼交往方法

大方交往、彼此尊重、注意方法。

（四）情景再现，实践检验

情景剧排练、表演。

情景剧一：生日聚会——克服害羞心理。

王燕是一个内向的女孩子，这周六是王燕的生日。她邀请了小红、小丽和佳佳。她还想邀请帮她讲过数学题的小刚和教她跳绳的班长王亮。她几次想邀请他们可总也说不出口。她应该怎样做呢？最后结果怎样？

情景剧二：尊重他人——获得友谊。

徐明本身是个体育、学习非常优秀的孩子，可他为了吸引女同学的注意经常做出一些出格的事。例如，女同学扫地他去捣乱、女孩子摔倒了他去起哄、运动会上他拿了第一名却嘲笑没取得名次的女同学、在楼道里碰到女同学还总是欠招。班里的女同学都很讨厌他，在班干部评选中没有一个女同学支持他。徐明应该怎样做才能获得大家的友谊呢？下次评选大家会支持他吗？

情景剧三：方法得当——避免误会。

佳楠和王亮分别是文艺委员和班长。要开元旦联欢会了，两个人经常单独讨论工作。有时在校园的小花园里，有时在单独回家的路上。班里的3个"淘气包"总是给两个人起哄，气得佳楠哭了起来。

他们怎样才能顺利渡过这次风波，使同学们更加团结，友谊更加深厚呢？
教师总结：大方交往、彼此尊重、方法得当。

（五）配乐诗歌朗诵、升华友情

（六）板书设计

学会交往　快乐成长
大方交往　彼此尊重　方法得当

（七）小结

通过本课教学，学生了解了青春期的不同阶段以及不同阶段心理、生理的变化；懂得了交往过程中所出现的问题恰恰是由于青春期不同阶段的心理变化所引起的。并在解决问题的实践中，明白了异性交往的原则，学会了如何与异性交往。此外，本课中教师尊重学生的主体地位，利用音乐的手段创造宽松的学习、交流、辩论、表演氛围，使原本让人尴尬的话题在自然、轻松的环境中得以解决。

（1）当堂评价。
问卷测评：①心里话：你乐于与异性交往吗？为什么？（承诺保密）
②在与异性交往中还应该注意什么？
（2）课后延伸：学生联欢会。

九、教学反思

本堂课目标明确，紧扣教学要求，教学重点、难点突出。为了让学生能正确认识异性同学之间的交往与友谊，掌握交往的恰当方式，全课形式多样，人人参与，课堂气氛活跃，体现了学生的合作讨论与交流。本堂课有游戏、讨论、表演、辩论等活动。尽可能让每一个学生都有发言、表现的机会，给他们一个发展自己的舞台。学生都积极发言，乐于参与，且能自编自演。要进行小组比赛，他们的集体荣誉感很强，大家都不甘落后。特别是辩论环节，正反双方唇枪舌剑，把课堂气氛推向高潮。

本课注重课堂知识与生活实际相结合。学生不仅表演讨论课本的内容，还结合学生生活实际中男生女生交往的种种现象进行分析评价，使学生真正懂得了男生女生怎样交往才是恰当的交往，才是真正的友谊。

不足之处在于笔者的课堂组织能力尚待加强。本节课大都以学生讨论、发言等方式进行,这就同时要求老师必须有较强的课堂组织能力,才能保证课堂活而不乱。但由于笔者在分小组讨论时没有把握好尺度,因此造成了有些学生浑水摸鱼以及课堂秩序的短暂"混乱"。在今后的教学当中,笔者会继续努力,多多向老教师请教,吸取经验教训,以完善不足。

性健康教育案例

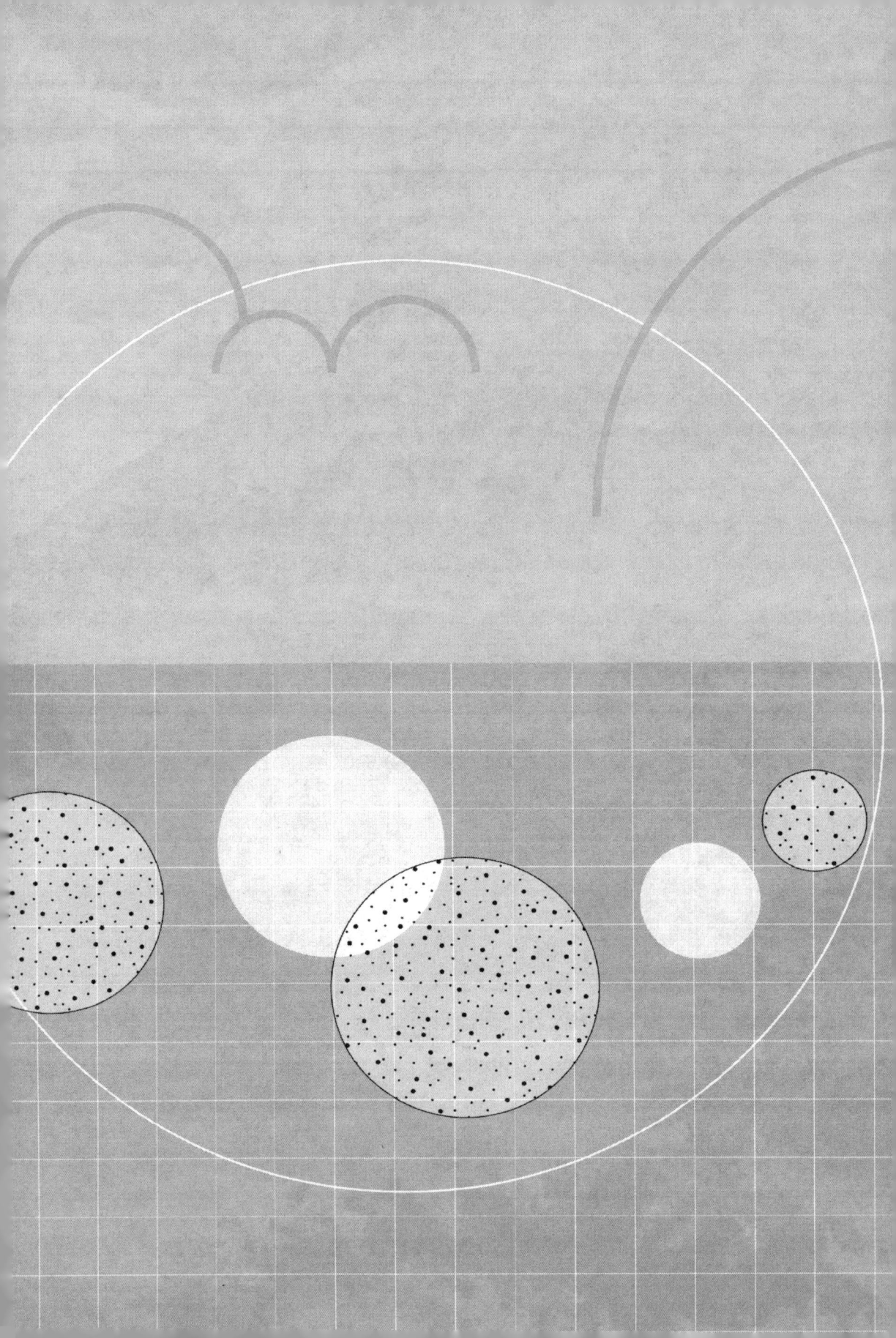

亲脸事件引发的尊重异性教育的思考
（四至六年级适用）

北京市昌平区南口镇小学　蔡玉英

一、教育案例背景

对青少年儿童开展早期性教育，不仅不会导致性乱，相反可以帮助青少年对性有正确的认识。韩国的性教育始于1983年。一般从小学五六年级（12~13岁）开始，每年在学校进行一两次性教育。但近年来其性教育对象的年龄正在减小，并在探索针对儿童的性教育方式。

目前，中华儿科学会发布最新中国儿童成长发育专项调查结果，中国女孩的青春期发育开始的平均年龄为9.2岁，比30年前提前了3.3岁。也就是说在小学四五年级的时候，有些发育较早的孩子已经进入了青春期阶段。青春期的初期反应就是孩子对事物有了自己的认识；对异性有了独特的感受，且极易产生好感；对父母的教育有了一定的逆反心理。然而，在这一初级阶段，孩子的心理承受能力实际上还是非常脆弱的，对一些事情、行为、语言难以承受，这也恰恰反映出了他们不成熟的一面。

雨儿（化名）就是这样一个刚刚进入青春期，对一切只是懵懂的、充满好奇的、不成熟的女孩儿，一天早上发生了这样一件事。

二、教育案例描述

"今天第二节课课上，雨儿同学一直没有心思听课，她一直在暗暗地笑，一会儿笑一下，一会儿又好像想着什么事情。"教数学的娄老师向我讲述着她的上课体会。我连忙问："怎么回事呀？""我在私下里问了付同学（校体育队参加早训练的），他说：'早上雨儿被六一班的谷同学（男生）给亲了。'"
"啊！"我当时就被这句话给惊呆了。怎么回事？他为什么这样做，我暗想一定要调查清楚。

首先找到雨儿本人，问清怎么回事。原来他们都是学校运动队的同学，需要早到校参加训练，在每次的训练中，有六年级的男生和五年级的男女生。每天一起训练，互相就比较熟悉了，有时会出现互相嬉笑、打闹的行为，又处在青春期的萌动时期，男女生之间难免出现互相喜欢对方的事情，于是就有了今天早上的事件。

接下来，我找到六一班班主任韩老师，详细地描述了今天早上的事情，让韩老师了解此事，正确引导谷同学。

当时韩老师问他："今天，你是不是有事情要告诉我？"

谷同学答："是的，我亲了五一班的雨儿。"

"你为什么要这样做？"

"我特别喜欢她，我爱她。"

"那你也不应该亲她，这样做不对。"

谷同学反问老师："难道我不能喜欢她吗？"

"可以，但是你的行为是不能让人接受的，这是不正当行为。"

……

就是这样一件事，给我敲响了警钟，一定要在班级里做好青春期异性交往的引导工作，让这些充满梦想的少男少女们走好人生这一步。

三、教育案例分析

就是这么一件男女生间发生的事件，使我深深地认识到异性交往，应该有一个正确的认识，或者更准确地说，应该有一个清晰的指导思路，应该给予正确的引导，应该讲究策略和方法。

（一）倾心交谈，区别对待

在孩子眼里，他们所谓的异性交往、好感与成人想象中的有本质上的区别。他们的思想再成熟，青春期的到来再早，他们也只是一个小学生，很多事情想得并不是十分复杂。于是，我利用休息时间，约雨儿到工作室谈心，问清楚事情的来龙去脉，我决定先找她的妈妈聊聊，看通过家校合作，是否能够取得一定的效果。

（二）保持关注，留有空间

我教的五年级孩子正值生理和心理发展的高速期。这个年龄段的孩子们的内心充满纯真与幻想，他们希望拥有自己的生活空间，希望拥有自己的朋友，希望拥有自己的秘密……他们不仅需要成人的爱与关注，更渴望得到成人的尊重、理解与支持。或许不少家长会标榜自己"严是爱"，认为"忠言逆耳利于行"，而对自己认为"大逆不道"的事，采取怒斥、堵塞的方法。其实这样做，不仅不能解决问题，而且极易伤害孩子的自尊心，造成他们严重的心理压力，逐渐怀疑自己，意志消沉，产生逆反心理，甚至造成更严重的后果。

（三）要想帮助，先要融入

想要对孩子的认识有所引导，对孩子的行为有所帮助，对孩子做得不对的地方有所干预，首先要融入孩子的世界当中，了解他真正的认识、想法和内心世界。但当真正地去接近他们的生活，去理解他们的世界时，我们会发现他们的想法其实是很单纯的，他们的世界比我们的要美丽。那种由于简单的生理变化导致的心理变化根本不是什么爱情，只是孩子们会发现这种感觉与友情和亲情有些不一样。即使他们互有好感，甚至交往，我们也不应该急于去否定他们，而要把握好尺度，让其自然发展，该出手时要出手，不该出手时也不要随意插手。

四、教育案例对策

男女同学之间友好相处，有利于形成优势互补。因此，我在班里做了适当搭配方式，鼓励男女搭配合作学习或参与集体活动。这样的互助活动有利于男女生形成正常的友谊，从小让他们养成正确的交友观。

（一）男女绑定，捆绑式竞赛

首先从名字上拉近，在班级文化墙上设计男女生名字组合，开展小组竞赛。如梓同学和穆同学组合为奔跑梓穆，涵同学和迪同学组合为涵迪幽幽，照此组合，依次仿照他们进行自由组合，前提是必须是男女组合。就这样，在异性交往上，我先从名字组合入手，他们一点儿都没有不好意思，顺理成章地开展了男女生结对，捆绑式评比正式拉开序幕。例如，男女组合摆臂赛。针对孩子们在每次的跑步过程中走步摆臂不合格的问题，我设计了男女组合摆臂走步竞赛，并通过拍照，给每一个小组留下照片，在大屏幕上展示、评比，看哪个男女生组合走得最好。

这次竞赛让我体会到"男女搭配,比赛不累"这句话的真谛了。

(二)故事引导,明确交往

我利用班会给男生和女生分别讲国外的性漫画教育故事《我从哪里来》《结婚是咋回事》《孩子,接吻不神秘》等系列性教育小故事。通过故事引导,不但使同学们在青春期时坚持了正确的方向,还了解了性方面的一些基本知识。

(三)家校联系,深入指导

为了做好与家长的沟通工作,我和班里的孩子建立了家校联系本,开展每日一沟通、每日一反馈的家校联谊,由我发起话题,针对孩子每天在校的表现,及时反馈给家长,再由孩子来写最近在校的情况,让家长看后,做到心中有数,最后由家长把孩子在家里的情况及时地反馈给我。针对雨儿的情况,我还把家长约到家长接待中心,与家长达成共识。就是要告诉孩子,如果交往对象仅限于某一个人或一个小范围,将会失去与大多数同学、朋友的接触机会,现代青少年应该多交朋友,多交几个性格、兴趣迥然不同的异性朋友,多进行社会活动。只有这样,才能更加深刻地体会到人与人之间的纯洁情谊,促进彼此间的互相合作,互相帮助,取长补短,共同进步。

就是这样的每日一交流,使我们更加了解了孩子的全面情况。同时对雨儿的教育也取得了良好的效果。

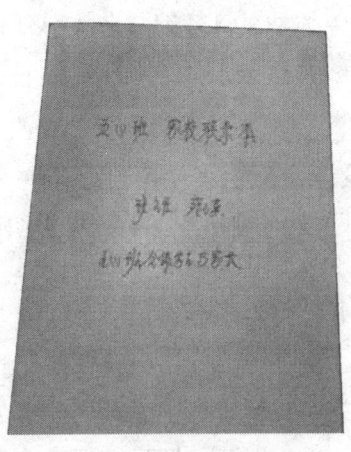
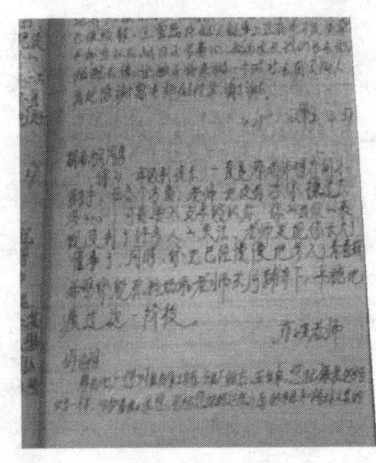

（四）亲子合约，互相监督

1. 合约内容

亲子合约是一份家长和孩子在日常生活、学习习惯等方面特别需要改正的一个或两个缺点进行立约，写在合约内容里。

2. 合约实施办法

家长和孩子签订一份互相提醒与监督共同改正的亲子合约，它的特点是以互相监督为标准，当有一方违反合约内容时，需要对方记录下来，可以用画正字的方法记录在表格中，记作一次违规，当违规次数超过5次后，由监督人班主任出面，找到违约人，按照规定给对方一个承诺。假如家长违约需要给孩子买一个小礼物（一支笔、一个文具盒或一本书都可以成为一份礼物）。如果孩子违约，由监督人结合班级奖励扣除在班级竞赛中的"好"评一个。

3. 合约设定时间

此约定使用时间为一个月，当在一个月内完成达到效果后，可以再制定新的合约内容；若无效或效果不好，继续重复完成此合约内容。

4. 合约使用原则

在孩子与家长间沟通出现问题，无法进行正常对话的情况下，使用亲子合约；当孩子答应了某件事，却不能够很好地执行时，也可以使用亲子合约。此合约可以很好地培养孩子的良好学习习惯、行为习惯等，对家长也是一次很好的历练与约束。

5. 亲子合约的具体内容

亲子合约具体内容如下表所列几项。

立约人	合约内容		记录结果
孩子	1. 每天主动做一件家务 2. 每天早上不早到校，不与男生打闹 ……	3. 每天写完作业才能上网 4. 吃饭时不看手机，不玩电脑 ……	（用"正"字记录）
父母	1. 不在孩子面前吵架或互相大声训斥 ……	2. 不能总在孩子面前唠叨个没完没了 ……	（用"正"字记录）

立约人：孩子签字　雨儿　　　　妈妈签字　杜某　　　　爸爸签字　刘某

公证人：班主任签　字　蔡老师

合约生效日期＿年＿月＿日　　　签约日期＿年＿月＿日

通过雨儿和家长共同签订这个合约，双方很好地履行了约定并改正了不良行为，取得了良好的教育效果。

6. 使用效果分析

通过合约的签订，孩子们逐步改变了吃饭看书、上厕所玩手机的一些问题。在雨儿的合约里多了一条，早上到校时间不得早于 7 点 20 分，到校后进班看书，不做与学习无关的事情。此条约定内容在家里出发时间由家长监督，到校后由班主任继续实施监督管理，果然一个月后有了很大的改变，再没有上次那样的事件发生。

五、教育案例效果

通过以上教育措施的使用，孩子在与异性交往上得到了正确的引导，心里虽然喜欢，但是能够深深地把它埋藏在心底，并能够正确处理好彼此交往相处的分寸。每当雨儿在校园里活动或去卫生间经过六一班门口时，我就及时地提醒她应该在指定的地点进行活动；每当雨儿穿着不合身份的衣服时，我就善意地给她穿衣搭配的提醒；每当雨儿在学习上没有心思时，我都给她安排适合她的任务，帮助她集中注意力。就是在这种不断的谈话、不断的家校沟通中，雨儿的心思慢慢地集中到学习上来。在我给她的联系本上她这样回复道："在校队踢球活动中，不应该有的一些事件，和我自身有一定关系，我会从现在起听老师的话，平稳地度过这一阶段。蔡老师，让您费心了，我一定按照约定严格去做。"

六、教育案例反思

心理学研究表明，随着学生生理和心理的发展，异性之间交往的愿望日益强烈，但由于其既缺乏异性交往的心理准备又缺乏相应的经验和技巧，难免会产生心理和行为问题。如雨儿和谷同学之间发生的"亲脸"事件，就是发生在青春期孩子们身上的典型行为，通过老师和家长的密切配合，再进行正确的引导，一定能够使发生在青春期孩子们身上的行为得到妥善的解决，帮助他们顺利度过青春期。

为此，作为一名小学高年级老师，在传授知识的同时，特别是在孩子青春期教育正确引导上，应该用教育智慧去教育学生，用恰当的手段去引导学生，让他们健康地成长，引导孩子们走上正确的人生轨迹，将一棵棵幼苗培育成国之栋梁，这是我们为之奋斗的目标。

同桌的你
（四至六年级适用）

北京市昌平区南口镇小学　杜桂金

一、教育案例背景

有研究者认为，在异性关系的问题上，儿童一般要经历以下几个阶段：

（1）两小无猜，即从幼儿到小学生阶段，幼小的心灵里还没有很强的性别差异观念，无男女界限，一起快乐地游戏学习。

（2）男女授受不亲，即孩子们在明了自己性别的基础上，男女界限分得很清，男女生互不侵犯，互不干涉。

（3）朦胧的"牛犊恋"，即男孩和女孩开始感受到异性的吸引力，这种感情往往非常朦胧，连他们自己都意识不到。

（4）恋爱季节，即随年龄的增长，人的生理和心理发育得更成熟了，他们就有可能进入真正的恋爱。

有研究发现，对于只有异性朋友或者主要与同性交往的儿童，其社交技能也可能相当贫乏。因此，要加强儿童的社交技能，就意味着要辅导儿童正确处理与同性和异性同伴的关系。

浩然是我从2013年9月就确定的个案研究对象。那时孩子刚刚上一年级，智力正常，但学习成绩却不理想，注意力短暂，易因外界干扰而分心，不能自始至终地做完一件事；上课时不注意听讲，做小动作，东张西望或走神、开小差等，有多动倾向；课上不老实，课间也爱打闹。2015年参加市级"跟踪指导小学高年级学生交往中尊重异性的研究"课题后，通过观察发现，他只同男孩子一起玩耍，很少和女生玩，在异性交往方面也有问题，因此决定继续以他为个案进行研究。

二、教育案例描述

开学后，为了增加他和女生的交往机会，曾经给他换过3个女生同桌，最后一个同桌芷琪对他的影响最大。

一天上数学课，我讲"万以内减法竖式计算"。练习时，孩子们都低下头写起来，浩然却东张西望，一看就是没听讲，不知道写哪里。刚想提醒他，看到芷琪轻轻拉了他袖子一下，用笔尖点了点书上的习题，浩然心领神会低头写了起来。不一会儿，大部分学生写完了，我看到芷琪写完后眼睛始终盯着浩然的作业本。反馈开始了，孩子们争先恐后地想展示自己的作业本。我看到浩然低着头，不敢看黑板，一定是心里不自信，怕和我的眼光对上让他回答，于是我叫了别人。公布完结果，一统计有5个人错了，其中就有浩然。我让5个人站起来，说一说错误原因。浩然支吾了半天也说不清楚。芷琪一直举着手，看得出她知道错误原因，但是我不想让别人说出来，还是想让浩然自己检查出来。我说："请做错的5个同学听同桌说一遍计算过程，一边听一边对照自己的竖式，找找错误原因。"一会儿，5个学生都举起手了。浩然说："个位1+9等于10，满十向前一位进1，十位8+7等于15，15再加进位1等于16，满十向前一位进1。这里我忘了加进位1得了15，所以错了。"浩然一说完，就看了芷琪一眼。芷琪脸上现出了满意的微笑。浩然又转过头看着我，看得出他从芷琪脸上知道她满意他的回答，我也及时地表扬了他。

有一次美术考试，发下试卷后孩子们开始低头答卷。不一会儿，教室内就传来低低的说话声。我一看，很多孩子彩笔没带，互相在借笔，我没有制止。但是，当我看到芷琪和浩然时，心里稍感诧异，不知他们两个谁没带彩笔，一整盒彩笔放在两人的中间，两人都默默地画着画，彩笔谁使谁拿，那叫一个默契。

还有一次下午课间，我来到教室督促孩子改作业。因为错题的同学不多，教室里没有几个人。浩然有错题，但一看就知道他并不专心在改错题上。他双膝跪地，下巴颏搁在桌沿上，嘴前边就是作业本，手里拿着铅笔，眼睛盯着前边，这哪是改作业的样子！"浩然！"我喊了他一声。他听到后很快调整姿势坐到椅子上，但还是一副懒散的样子。这时有其他孩子找我判作业，本来想好好管管他也顾不上了。当我判完作业再抬头看浩然，他已经在低头写了，而且姿势绝对正确、标准。原来，芷琪回到座位上来了，而且围着几个女生正在看着什么。我听芷琪说："别挤了，浩然都没法写作业了。"浩然说："没事，没事，我改完了。"果然，他拿着本找我判作业来了。

三、教育案例分析

两个月前，我在班里进行了一次"说出自己班里男女学生的榜样"问卷调查（见表1）。发下调查问卷35份，收回35份。我特别关注了浩然的问卷，发现女生一栏他没写，我把他找来，告诉他这一栏必须填。他思考了好一会儿才写下了芷琪的名字，原因也一直不知怎么写，考虑半天才写下了"她学习非常好"。

表1 "说出自己班里男女学生的榜样"问卷调查

姓名：（浩然） 我是（男生）	
我愿意和他/她成为好朋友 男生（小振）	我的理由是 1. 他非常好 2. 他也非常聪明
女生（芷琪）	1. 她学习非常好

看他填完了，我和他又聊了起来。我问他："你发现没有，女生不爱和你玩?"他说："我也不爱和女生玩。""为什么呢?""我也不知道。"从与浩然的谈话和问卷调查就可以看出，他愿意和男同学同桌，说明儿童中期的孩子确实喜欢和同性伙伴学习玩耍。

浩然现在正处在"男女授受不亲"阶段，每次谈话时问起女生，他才有意识去回答，因此他已经是一个性别划分很清晰的小男生，不愿意跟异性同学交往，所以我想帮助他提高异性交往能力。

四、教育案例对策

（一）同桌策略

在浩然的处理上是选择"同性同桌"还是"异性同桌"，我确实思虑了很久。浩然是个淘气的孩子，好多男孩喜欢和他一起打闹，在班里还算是一个中心人物。他的玩伴大都是男生，很少看他和女孩子玩。通过进一步观察发现，他对女生特别温柔，说话声音都不再大嗓门。同样都是做游戏，遇到女生时，他都很注意收敛，不再那么横冲直撞。班里的其他男生很难掌控住他，如果让他和男孩子一桌，他势必会带坏同桌。开始时，我一直安排老实的女生和他同桌，他照旧自己玩自己的。他虽然不欺负同桌女生，但是同桌也没有起到约束他的作用。怎么能让他在纪律上有所改观呢？根据"说出自己班里男女学生的榜样"调查，我发现浩然最欣赏的女生是芷琪，于是我安排他和芷琪同桌。

（二）谈话策略

我经常找他们谈话，告诉他们应该怎样相处，听他们聊聊对对方的看法。

老师：你跟芷琪一桌已经一个星期了，感觉怎么样？

浩然：好，挺好的。在芷琪的帮助下我的学习也慢慢变好了，课上回答问题积极了。

老师：你是怎样帮助他的？

芷琪：就是您提出问题我就抢着说，浩然看到我这样做，也积极起来了。

老师：浩然，是这样吗？

浩然：是。

老师：那你觉得还有哪些方面发生了变化？

浩然：我写的字也越来越好了。

老师：也是受芷琪影响吗？

浩然：是。

芷琪：有一次阅读，我让浩然给我签字时把字写好点，我给他签字时也把字写好了，就这样浩然写字越来越好了。

老师：还有哪些方面发生变化吗？

浩然：好像没别的了。

老师：下周又要轮换座位了，如果你还想和她一桌，老师还满足你的要求，但老师对你们有话说。芷琪，老师知道你在帮助浩然过程中体验到了帮助人的乐趣，老师提醒你在帮助浩然时要注意方式，不要太蛮横，要温柔一些。浩然，老师和芷琪都想帮助你，所以你要从内心感谢芷琪，要下决心改掉你的坏毛病，好吗？

浩然：好的。

类似这样的谈话每周一次，通过谈话告诉他们以互相尊重为前提，和同桌相处，要宽容大度，平时生活上互相关心，互相爱护；学习上互相帮助，共同进步，共同努力，共同提高。

（三）研究策略

参加市级课题"跟踪指导小学高年级学生交往中尊重异性的研究"课题后，每次和浩然聊天都有意识地往课题相关方面去引导他，了解他内心中对异性的看法。每次谈话我都尽量做到不让他察觉，因为我想知道他最真实的想法。

五、教育案例效果

通过谈话我可以看出，这组同桌的两个同学都很兴奋。虽然只有简短的十分钟谈话时间，但明显看出浩然说话多起来了。原来的他只简单地回答"是"或"不是"。现在说起自己的变化时也能说出几条来，而且我确实在课上感受到了浩然的变化。浩然真的和芷琪坐到了一起，他心中是兴奋的、高兴的，他从内心愿意接受芷琪的一切帮助。他心目中最好的女生榜样近在身边，还和自己一起读书、写作业、讨论问题，所以才有了很多的改变。

同桌策略起到了作用，浩然开始发生了变化，而且越变越好。因为他喜欢芷琪，所以芷琪说什么他都愿意听，愿意去做，行为各方面才发生了变化。

现在的浩然有了贴心的提醒人，表现明显进步很多。每当芷琪在他身边时他就会不由自主地约束自己。我也经常找他们谈话，引导芷琪要耐心地对待浩然，同时提醒浩然珍惜和芷琪同桌的机会，好好向心中的榜样学习。老师的关心、同桌的帮助形成合力，共同促进了浩然的转变。

六、教育案例反思

男女之间相处和交往的能力是一个社会中人的基本能力，是一个人在社会化过程中应有的技能。低年级男女生在个性心理上存在着差异，男女同桌可以达到差异互补，有利于形成完整的人格。对于浩然，我本着尊重和发展的原则，他的女生榜样是芷琪，他又表达出想和芷琪一桌的愿望，那么我就满足他的心愿安排他和异性同桌。事实证明，异性同桌有利于合作学习，共同提高。

在儿童的交往研究中，大多是把儿童的交往研究基础建立在同性的同伴关系中，对男女儿童之间的交往研究较少。通过对浩然的研究发现，以往的教育中我们虽然强调性别间的差异，但却缺乏对两性之间互动的研究，这个问题有待于我们教育工作者的进一步研究。

性健康教育研究

借助班级文化建设
研究高年级学生人际交往的能力

北京市朝阳区安慧里中心小学　张爱珍

【摘要】在日常教学中发现班级人心涣散，向心力不强，学生之间在人际交往方面存在一些问题。因此首先，根据学生特点确立班级文化主题，为班级注入核心与灵魂，为提高学生人际交往能力打下基础。其次，健全班级管理制度，促进学生早日形成良好的人际关系。注重培养班干部的能力，以少带多，促进班集体和谐发展。通过课堂教学活动，指导学生学会合作，促进人际关系的良好发展。最后，在综合实践活动中实践"敬"的文化。

总之，班级文化对每个学生都起着潜移默化的教育作用，它虽是无形的，但又是无所不在的，就像春雨滋润着学生的心田，陶冶着学生的情操。在"敬"文化的打造过程中，班级逐渐形成了一种互帮互助、和谐发展的良好氛围，学生们正健康向上发展，良好的班风已初步形成。

【关键词】人际交往。

一、研究背景

自接任了班主任工作后，我发现这个班的孩子在各方面表现均比较散漫。教室内，地面很脏，到处有同学无意间掉的废纸，无人去捡，眼看着卫生差得要命，每天的值日却只是埋怨一堆，但无人真正去思考背后的原因。再看看课堂上，近50%的孩子听课不专心，他们会在听课的同时在课桌上找一张纸画一些争斗的游戏画面，或者趁老师不注意聊一些感兴趣的话题，似乎老师、同学的发言都与自己无关。课间操上，他们会因为同伴是异性不愿手拉手。生活中,孩子之间会因为一点儿"地盘"你挤我,我挤你,也会为一点儿小事你不让我,我不让你,最后导致大打出手……

一系列的问题都在告诉我,这个班级人心涣散,向心力不强,学生之间在人际交往方面出现了问题。开学一周后,我对班上的学生做了一个初步的了解,发现90%的孩子是独生子女,家长们大都工作繁忙,与孩子相处、交流时间少,孩子在家中又缺少同龄伙伴。因此,很多孩子就比较娇气、自私、以自我为中心,这样,来到学校,他们自身都携带了一些不良习惯,会产生摩擦、争吵,甚至肢体碰撞,一旦事情发生,他们又不知如何正确、合理地解决。

二、确立班级文化主题,为班级注入核心与灵魂

学校一直在搞班级文化建设,班级文化反映的是班级这个特定的社会组织的价值观念和行为准则,是一种渗透在班级一切活动中的理念与灵魂。班级文化是班级师生共同创造的精神财富,是校园文化的重要组成部分,也是形成班集体凝聚力和良好班风的必备条件。最高层次的班级精神文化则是班级成员的科技文化素质,有关的学习、文艺、体育、卫生等的文化活动,以及思想观念的文化综合。特别是班级的思想观念文化,如班集体的价值观、信念和目标等,构成了班级文化的"核心"和"灵魂"。

班级文化建设不但能有效地调动学生学习与实践的兴趣,更重要的是能使学生形成良好的品德,塑造积极向上的班级精神,以良好的文化氛围感染学生,促进学生健康成长。

基于我班的情况,为了提高学生人际交往的能力和班集体的凝聚力,我和学生利用班会进行讨论,最后确定"敬"的文化主题。我们也针对"敬"文化进行了解读:

一为敬业——教师和学生对待所做事情有执着的追求。教师忠于教育事业,恪尽职守,教书育人。学生刻苦学习,勤奋上进。

二为敬重——尊老爱幼,尊敬师长。校园里、课堂上,学生能够尊敬师长,谦虚好问,教师能够尊重学生,耐心讲解;师生互敬,建立和谐的师生关系。生活中,学生之间互相尊重,互相谦让,形成一种和谐的班级氛围。家庭中,尊敬每一个家庭成员,与家庭成员形成良好的关系。

三、健全班级的制度管理,形成良好的人际关系

班级的规章制度和组织制度是班级文化建设的中间层和重要保障,也是班

性健康教育研究

级文化建设的重要手段。

首先，在班级的制度建设方面，重要的是充分发挥学生的主体精神。因此，在学生学习《小学生守则》和校纪校规的基础上，以民主讨论的方式制定班级规章制度。每个学期初，共同讨论起草《班级公约》，这些制度必须是可落实的、可操作的，并能具体量化为指标，易于学生遵守和检测，并进而落实为自觉的行动。其次，在班级中建立班委会，以保证制度的正确落实。有了这些制度和指标，学生行为的正确与否，就可以交给班委和学生们去评判、督促，学生开展自我管理也就有章可循，有"法"可依了。

四、注重培养班干部，以少带多，促进班集体和谐发展

班级组织结构是班级制度文化的重要内容。班级管理必须着力调整完善班级内部的组织结构。其中，如何发挥学生在班级管理中的主体作用，人人参与管理，是班级内部结构调整的核心。

在班干部的管理上，主张竞选制。每到开学初，孩子们会根据自身的优势、爱好进行演讲，由集体投票选择确立所有班干部。定期轮换，做到人人参与竞选，人人有机会当选。为了加速班干部的成长，推行每周一次的例会制度，每周召开中队会、小队会，会上每一个班干部都要针对自己一周的工作以及表现进行反思总结，然后根据大家的意见制定自己下一周的努力方向。在班干部的轮换过程中，强调班干部的带头作用。一批一批的小干部成长起来，这些干部逐渐学会以身作则，负责班级日常的管理，作为班主任的我也轻松了不少，小干部的能力也得到了极大提高，在这种机制下，整个班级进步快，得到了很多老师的好评。

除推行班委竞选制之外，还推行了责任负责制，真正做到"人人有事干，事事有人干"。这样的机制有利于充分展示和锻炼每位学生的组织管理才能，也有利于培养学生在班级中的负责态度，在管理他人中学会管理自己，在为集体和他人的服务中学会负责和互相协作。

五、通过教学活动指导学生学会合作，促进人际关系良好发展

(一)利用语文课培养学生表达能力，提高口语交际能力

口语交际是一种教学策略和方式，是听话、说话能力在实际交往中的应

· 115 ·

用。听话、说话是口语交际的重要组成部分。口语交际能力是现代公民的必备能力，应培养学生倾听、表达和应对的能力，使学生具有文明和谐地进行人际交流的素养。

（二）利用书法课培养学生合作意识

书法课的用具很多，为了进一步提高班级的凝聚力，形成合作意识，营造良好的人际交往氛围，我把学生分成四人一组，要求各组进行分工合作，每节课墨、盘、打水的准备工作责任到人，大家轮流准备，这样既避免了重复准备，又使得课桌表面干净整齐。为了取得良好的效果，针对每个小组进行评比，例如，哪组书写好、哪组纪律好、哪组卫生保持好等。在评比中小组间形成了竞争意识，小组内部合作意识强，在出现问题后大家都能够集体交流进行改进，班级的书法课井然有序。

六、利用班级文化建设组织多种活动，提高学生人际交往能力

班级文化一经确立，就要开展相应的主题活动，力争通过各种形式的活动培养学生谦让、互爱互助的品质，形成讲道德、懂礼仪的良好品格。通过"敬"在班内形成良好的班风，这种教风和学风，使学生在潜移默化中受到熏陶教育。

为了切实提高学生人际交往的能力，我在班级文化的建设中一改过去的"管""卡""压""教""灌"等方法，以"引""疏""导""放"为主要的教育方法，从班级物质文化、班级制度文化和班级人际文化方面入手，让学生自主管理、自我监控，让学生在班级文化建设中真正认识到他们才是班级的主人、学习的主人、成长的主人。

（一）通过主题班会活动，引领学生学会合作，促进人际关系的良好发展

1. 把班级文化的核心注入学生的灵魂，引领学生树立正确的交往观点

班级集体的精神状态和学习风气，是班级文化的核心内容和"灵魂"。开学初，我向全体学生提出总体要求，在此基础上组织学生利用班会时间进行讨论，确立个人和集体的理想和奋斗目标。首先，结合校训和班级实际，明确提出了班训"团结互助，和谐共勉，严谨求真，拼搏奋进"，将其作为学生长远目标与行动准则。其次，根据学生的特点和一定时期的班级现状，确立短期目标，并设计班级口号："倾心敬业，互敬互爱"。

一系列班训和口号、班徽、班歌的确立明确了班级精神，班级精神一旦融

入学生的心灵，将内化为学生的自觉行为、心理状态和精神风貌，也会让学生形成正确的与人交往的观念，学生的交往能力也就会大为改观。

2. 以班会活动促进班级文化早日形成

为了培养学生的集体荣誉感，促进学生进行交往，我班开展了为班级设计班徽、创作班歌等主题班会活动。为了能够设计出形式新颖的班徽，学生们利用课余时间进行了精心的设计。班会当天，看着一个个形式活泼、新颖的班徽，孩子们讨论得热火朝天，最终剩下3个作品参加集体表决，张艺喆和侯续锐的设计以高选票胜出。他们还特意邀请我班的电脑博士孟天乐进行电脑制作。孟天乐也因此在班级中崭露头角，以后许多同学在电脑制作方面出现了问题都会主动请教他去帮忙或指点。更有些学生动用了家长的力量，一位退了休的爷爷和孩子一起拿起笔，为我们创作了一首名为"敬之歌"的班歌，他们还把班歌主动拿给音乐老师进行点评、修改。可以说学生们在一次次与同学、家人、教师的合作交流中逐步形成了良好的人际关系。

有了以上的合作关系，学生们在思想和行动上有了一致的奋斗目标，只要我们在学生成长过程中不断有意识地加以调整和引导，孩子们的集体意识和人际交往能力也就会不断提升。这样才能够带领学生不断完成一个个小目标，最终实现"成人成才"的大目标。

3. 利用班会活动强化班级文化，发现班级存在的问题

高年级学生虽然较中低年级学生而言有了一定的交往能力，但是很多时候他们都存在一些困惑，对于普遍存在的问题，就很有必要提到班会上进行专门讨论。

例如，我们班的男生经常互相闹着玩，一次，竟在课间扒了一个同学的裤子，那个同学因为面子上挂不住和对方打了起来。知道了这件事，我召开了主题班会。班会上，孩子们了解到这一行为属于性骚扰，继而我们扩散开来，讨论还有哪些行为属于这一范畴等，通过这次班会我们深化了"敬"文化，并针对如何与同学进行正确交往进行了深入的讨论，在实际行动上帮助学生解决了交往过程中的一个突出问题。

(二) 实践"敬"的文化，创造良好的同伴交往机会

1. 积极参加学校组织的综合实践活动

每一次的综合实践我都把学生按照值日组或者自由组合的小组进行分组，活动中小组同学分工合作，任务完成得很出色。

2. 走出班级,与边远山区建立良好的交往关系

利用身边的资源,我班与甘肃省边远山区进行了手拉手的活动尝试,活动中孩子们互通书信与电话,与对方建立了一对一的关系。

3. 走进社会,提高与人交往的能力

我们进行了垃圾分类回收,大量的纸、塑料瓶收集整理,再由专人到学校门口与收垃圾的工作人员进行对接,这在一定程度上提高了学生社会交往的能力。

我带领学生参加了多次社会活动,如和4名学生参加了北京市安贞里学区组织的安贞花园的游园活动,继而又与10多个孩子一起参加了北京市少工委在北京市劳动人民文化宫举办的"2013年首都庆祝六一国际儿童节系列活动之欢乐六一嘉年华总动员"活动。活动中,孩子们稚嫩的毛笔字和生动的讲解、礼貌的接待体验,赢得了领导、工作人员、游人、家长的好评。

总之,班级文化对每个学生都起着潜移默化的教育作用,这种教育功能不同于课堂教育,它虽是无形的,但又是无所不在的,就像春雨滋润着学生的心田,陶冶着学生的情操,塑造着学生的灵魂。在"敬"文化的打造过程中,班级逐渐形成了一种互帮互助、和谐发展的良好氛围,学生们健康向上发展,良好的班风已初步形成。培养学生人际交往的能力,是教育中的细节,我们要做到时时培养,处处注意,以达到润物细无声的效果。

基于小学生性别意识研究的性别教育反思
——以北京市石景山区古城第二小学为例

北京市石景山区古城第二小学　李晓彤

【摘要】 本研究旨在通过对104名小学生进行性别意识情况的调查，探讨小学生性别意识现状并以结果为依托，科学设计学校性别教育以及性健康教育的形式和内容。采用《"国小"中高年级学童性别意识与图像性别表征之调查研究》中的"小学"学童性别意识量表进行调查，结果发现对于北京市石景山区古城第二小学的小学生群体而言，其整体性别意识较弱。其中，各个学段的学生性别平等意识较强，高于临界值；性别特性、性别认同、性别角色和性别理想意识较弱。以四年级学生为代表的中段学生性别意识最强，女生的性别意识显著强于男生。

【关键词】 小学生；性别意识；性别教育；性别刻板印象。

一、问题的提出

(一) 性别意识概念的界定

性别意识是自我意识的重要内容之一，是人类对男女两性在社会中的关系、地位、价值、权利、责任、使命的一种认识和评价。其核心是两性关系，即从两性关系的角度去观察社会、了解社会，去寻找男女两性的位置和价值[1]。也有学者提出，性别意识就是男女平等的意识[2]。其中"追求两性平等"是性别意识的内核。

关于个体性别意识的研究，大多集中于社会学领域，从心理学和教育学角度出发进行的研究较少，现有的研究也较少从整体层面上探讨性别意识，在已有的研究中,性别意识对性别的分析和规划主要从性别特质、性别角色方面进行。性别特质是社会文化所认可的性别特征,包括不同性别的表象、行为和人格等;性别角色是指社会基于性别的不同,赋予两性不同的行为期望与行为规范的总和。

(二) 性别意识研究的主要理论背景

我们的研究主要基于发展心理学家埃里克森的人格发展理论。埃里克森的人格发展学说不仅考虑到了生物学的影响,也考虑到了文化和社会的影响。他认为个人在成长过程中经历着生理的、心理的和社会的事件的影响,个人与周围环境的互动在人格发展中起着主导作用,他将人的发展分为八个阶段,其中青少年期是自我同一性发展的重要阶段,他认为如果个体的生理身份与社会身份矛盾会带来同一性混乱,当事人就会产生"性别焦虑",有严重的心理不安感和各种混乱的感觉,影响个体心理健康和社会功能,这一时期他们需要确定自己要承担的角色,把自己认为自己是什么样的人与自己在别人眼中是什么样的人统一起来,所以说青少年时期是自我发展的关键环节,也是青少年性别意识形成的关键环节,个人认同的性别意识的形成对于人格发展有着十分重要的作用。

(三) 学校中的性别意识教育及其局限

性别意识是一个社会问题。传统的性别意识依然严重影响着人们的思想观念和行为,在政治、经济、文化、教育等方面都普遍存在着不同程度的性别歧视。在学校教育的多个不同侧面、不同环节,如学校系统的性别角色划分、学生学习的教材所表现出的性别模式、学校的教育氛围以及教师的教育行为和思想,长期以来却一直显性或者隐性地存在着种种性别偏向和性别刻板印象。尽管这些现象往往为人们所忽视,但却始终对男女学生尤其是对女生的成才和发展,构成直接的或潜在的阻力,并妨碍了教育平等的实现。

Bigler 的"性别教室"实验中将儿童分别分在性别教室组与无性别教室组(对照组),前一组 Bigler 要求性别教室组的老师频繁强调性别分类,例如,教室里太吵的时候,教师大喊:"所有的男生坐下!"在无性别教室组中则要求老师按照学生的名字整体对待男女生。四周之后,性别教室组中 6~10 岁的孩子比对照组更认同性别刻板印象。他们对同性别群体持有更加正面的评价,对不同性别的群体持有更加负面的评价。可见,对男生和女生进行区别化对待导致了两性对于自己性别的不同认知,以及对同性和异性的不同评价[3]。性别刻板印象使得儿童将许多活动、个性特点等与性别联系在了一起,导致他们僵化地认为某些活动只属于女孩,某些活动只属于男孩。特别是在学龄初期,儿童还没有掌握复杂分类技能,这样的性别归类增加了儿童的性别偏向思维,阻碍他们对所有潜能的探索和全面发展。

袁莉的研究发现,小学生的性别刻板印象不仅影响他们的学习成绩,同时也对小学生的心理和行为产生着较大的影响。男生和女生受到自己性别刻板印象的限制,在选择玩具和期待未来的职业时,都表现出了明显的性别烙印。学生们对成功与失败的归因方式也受到了自己性别刻板印象的影响,女生的成功更可能被归因为好运气,女生的失败更可能被归因为能力问题;而男生的失败则会被归因为外部的、非个人的原因,男生的成功则被归因为个人内部的稳定的因素(如能力)[4]。同时,性别的刻板印象更会影响学生的身心健康,男生更不被允许轻易表露自己的情绪,且外界对他们在学业和工作上的要求更高,使得他们的压力更大[5]。

性别意识的偏差和失衡对学生人格发展、职业规划、身心健康、学业成就的影响都是巨大的,而基于埃里克森人格发展理论,大多数的研究者都将研究的重点放在了青少年身上,但关于各个学龄期学生性别意识的表现和教育缺乏系统的研究。小学阶段是儿童人格发展的雏形期和基础奠定期,也是性别意识形成的关键期。巢昕和李娟的研究发现,7~8岁时儿童的性别角色适应性得到显著的增长[6]。这一时期儿童性别意识的形成在很大程度上会影响青少年期学生的人格特质,以及对于自我性别相关问题的认知,例如,性别认同、性别角色认同等,从而影响儿童其他方面的发展。因此,对小学生进行科学的性别意识教育尤为重要,本研究以此为研究的出发点和归宿,在小学生群体中开展性别意识现状的调查,为教育教学提供科学的数据支持,并基于数据反思教学,以研究结论指导教学过程。

二、研究方法

(一)研究工具

参照中国台湾黄凤娟《"国小"中高年级学童性别意识与图像性别表征之调查研究》中的"小学"学童性别意识量表。该量表包含性别认同、性别理想、性别特质、性别角色、性别平等5个分量表,共计36个项目,采用5点评分。1~5分别代表"非常同意、同意、一般、不同意、非常不同意",得分越高表明"性别意识"越强[7]。

（二）研究被试

为考察小学生的性别意识情况，共收集了104名小学生的数据，其中二年级（小学低段：一二年级）共38人，其中女生19名，男生19名，平均年龄为7.39岁±0.60岁；四年级（小学中段：三四年级）共34人，其中男生16名，女生18名，平均年龄为9.33岁±0.60岁；六年级（小学高段：五六年级）共32人，其中男生14名，女生18名，平均年龄为11.07岁±0.45岁。

（三）数据整理与分析

采用SPSS 18.0软件进行数据的录入和分析，分析方法包括描述统计、方差分析、多重比较等。

三、研究结果

（一）小学生性别意识情况分析

为考察小学生的性别意识状况，我们对104名学生在性别意识各个分量表中的得分进行了平均数及标准差的统计，同时也对不同学段学生的性别意识情况进行了统计。其中，低段样本共38名学生，占总样本量的36.5%；中段样本共34名学生，占总样本量的32.7%；高段样本共32名学生，占总样本量的30.8%。量表采用5点计分，最高分为5分，最低分为1分，中等临界值为3分，统计结果见表1。

表1 小学生性别意识的平均数和标准差统计

评价项目	性别意识	性别认同	性别理想	性别特质	性别角色	性别平等
M	2.77	2.65	2.54	2.53	2.96	3.14
SD	0.68	0.96	0.79	0.76	0.80	0.73

从表1中可以看出，小学生性别意识的总体平均分为2.77，略低于临界值（3），说明小学生的性别意识处于中等偏下水平。其中，性别平等分量表得分高于中等临界值，说明我校小学生性别平等意识较强；性别认同、性别理想、性别特质、性别角色分量表的平均分略低于临界值，说明小学生在这四个性别意识维度上的水平较低。

（二）不同性别、不同学段小学生性别意识情况分析

采用ANOVA对不同性别的小学生在性别意识的五个维度上的差异进行分

析，结果发现，从性别层面来看，男生和女生在性别认同（$p<0.01$）、性别特质（$p<0.01$）、性别角色（$p<0.01$）、性别平等（$p<0.05$）四个维度均存在显著的差异，女生在这四个维度上的性别意识显著强于男生。

如表2所示，从学段层面来看，三个学段的学生在性别意识五个维度上的得分存在边缘显著的差异（$p=0.06$），多重比较后发现，低段学生在性别意识五个维度上的得分显著低于中段学生和高段学生；中段和高段的学生在性别意识五个维度上的得分无显著的差异。总体的性别意识，低年级学生的得分显著低于中、高年级，中、高年级之间并无显著的差异。

表2　不同学段小学生性别意识情况统计

评价项目		N	性别意识		性别认同		性别理想		性别特质		性别角色		性别平等	
			M	SD	M	SD	M	SD	M	SD	M	SD	M	SD
学段	低	38	2.47	0.54	2.18	0.71	2.24	0.74	2.28	0.66	2.83	0.61	2.75	0.61
	中	34	3.02	0.77	2.93	1.05	2.73	0.87	2.83	0.84	3.09	0.10	3.42	0.78
	高	30	2.83	0.59	2.86	0.95	2.66	0.67	2.52	0.71	2.96	0.77	3.30	0.61

四、讨论

（一）针对不同学段的学生，性别教育的主题、内容和目标不同

对于小学低段的学生而言，无论是整体的性别意识，还是性别认同、性别理想、性别特质、性别角色、性别平等意识都低于中段学生和高段学生，这是由低段学生心理和生理发育特点所决定的，是客观的发展现象。横向比较结果显示，低段学生在性别理想维度的得分比他们在其他四个性别意识维度的得分均低。低段学生对于自我性别的认识仅仅停留在生理层面，整体而言，性别意识较为模糊。据此，我们应该根据不同学段学生的生理和心理发育特点，制定具体的、针对不同学段学生的性别教育和性心理健康教育的内容和目标。

（二）转变观念，培养集两性优势于一身的学生

调查中我们发现，小学生的性别特质意识比较薄弱，这给我们的教育提供机遇的同时也提出了挑战。小学开展科学、适宜的性别教育，就要克服传统的性别教育观和刻板的教养方式。双性化人格理论认为，理想的"双性化"性别模式体现为男性以阳刚为主，刚中有柔；女性则以阴柔为主，柔中见刚[8]。Girbert的研究也表明，男女被试更多地认为双性化的人是更典型的、更有吸引力的、理想的女人和男人模式。对于一个学生来讲，既具有男女之共性，也具

有男女之个性；既可以摆脱性别角色标准的束缚，又不失自己的性别本色是我们基于双性化理论的性别意识教育目标。在反思传统的性别观念、承认男女有别的基础上，我们意欲培养集男女两性优势于一体的学生，给学生多提供一些社会自由度，使得学生获得多种社会角色的体验，让他们对男女优秀的人格品质"兼收并蓄"，让学生的个性得到充分、全面发展。

(三) 家庭教育和学校教育相结合

家庭是儿童接触和识别性别差异的重要场所，更是儿童接受性教育的重要来源。家庭在性教育活动中具有学校不可替代的优势。开展家庭性教育活动有利于儿童性别角色的培养，为青春期性教育奠定良好基础。儿童的性别角色认同除了受到学校和社会的影响外，更多地会受到家庭的影响，所以要促进家庭性别意识教育与学校性别意识教育的结合与互补。

从我们的调查中发现，对于三个学段的学生而言，性别特质和性别理想意识比其他几种性别意识更弱。而就这两种意识的培养而言，家庭中的同性父母是最好的榜样和教科书。儿童可以通过对自己同性和异性父母的观察与学习，从而了解男性和女性各自的性别特质，从而树立自己的性别理想。例如，想要成长为像妈妈一样漂亮、温柔的女人，或者像爸爸一样事业有成、有责任感的男人。

(四) 四年级是性别意识教育的关键期

从我们的调查中发现，四年级学生的性别意识比其他两个学段的学生都强烈。这与已有的研究一致：缪周芬发现儿童的性别认同关键期在四年级。其研究中发现小学四年级学生已经能够很明确地意识到自己的性别以及明确怎样的性格和行为才是符合自身生理性别的[9]。在调查中我们发现一个较为重要的现象，小学四年级的女生可能正处于性别角色较为混乱的时期，她们对于典型的女性化的行为特征、性格特征没有什么具体的认识，对这些女性化的行为和性格也并不全都表示赞同和喜爱，或者并不认为自己具有这些特征。但是小学四年级男学生则并没有出现性别角色混乱，有相对明确的性别观念。

我们的调查受样本所限没有进行具体的性别差异的分析，但从我们的调查中可以看出，对于四年级的学生而言，性别特性和性别理想意识较其他几种性别意识更弱。这与上述研究存在相似之处。因此，我们在未来的教学工作中，需要对四年级学生着重进行性别意识教育，尤其是引导其树立健康、阳光的性别理想，帮助其认识同性和异性的性别特质。

性健康教育研究

（五）通过性别意识教育指导学生进行合理的异性交往

从调查中发现，无论低学段还是中高学段的儿童，其性别平等的意识都较为强烈。这与当下的时代背景和社会环境有关。性别的平等意识有利于异性学生之间的互相尊重，但异性冲突、异性合作和异性竞争也是目前存在的问题，在小学中高学段会逐渐出现。因此，如何引导异性学生规避冲突、增加合作、良性竞争也是在教学中需要思考和实践的问题。

参考文献

[1] 李国华．人类性别意识的演变及趋势［J］．中华女子学院学报，1999（3）：37.

[2] 张晓玲．性别意识与参政决策［J］．中国妇女报，1996（7）．

[3] Bigler R S. The Role of Classification Skill in Moderating Environmental Influences on Children's Gender Stereotyping：A Study of the Functional Use of Gender in The Classroom［J］．Child Development，1995，66（4）：1072-1087.

[4] 袁莉．性别角色刻板观念对小学生学习影响的研究［D］．天津：天津师范大学，2012.

[5] Cleary P D, Mechanic D. Sex Differences in Psychological Distress among Married People［J］．Journal of Health and Social Behavior，1983：111-121.

[6] 巢昕，李娟．儿童性别角色认知的研究述评［J］．湘潭师范学院学报（自然科学版），2007，29（1）：130-133.

[7] 黄凤娟．"国小"中高年级学童性别意识与图像性别表征之调查研究［D］．新竹：台湾新竹教育大学，2013.

[8] Ashmore R D, Sewell A D Sex/gender and the individual［M］．Advanced personality. Springer US，1998：377-408.

[9] 缪周芬．小学儿童性别认同与异性交往发展［D］．上海：华东师范大学，2006.

基于《北京市中小学性健康教育大纲（讨论稿）》的男女生差异性的教育方式与目标研究

北京市海淀区上地实验小学 刘 征

【摘要】本文在研究时查阅大量文献资料，分析小学低年级学生的身心发育特点，重点总结出性健康教育对小学低年级教育方式与目标建设的积极意义。但是现在很多老师和家长对于男女生的性格差异并没有做到清楚地认识和了解，导致男女生教育的盲目一致性，影响了孩子的健康成长。本文以《北京市中小学性健康教育大纲（讨论稿）》为基础，进行了初步的研究与尝试，从低年级儿童的身体差异到学科教学的方式与目标做了初步的研究，并得出了结论。

【关键词】《北京市中小学性健康教育大纲（讨论稿）》；男女生；差异性；教育方式；目标研究。

孔子提出的"因材施教"的教育观念深入人心，在现代教育中也是非常重要的教育原则，本着一切为了学生的发展，我们当今的教育开始关注学生的个体差异。各个学生生理条件、生活环境和所受教育不同，同一年龄段的各个学生在心理发展速度及性格、接受理解知识能力方面存在差异。但目前的课堂教育，只是注重了学生性格与学习能力的不同。其实性别的差异也是我们教育过程中所不能忽视的重要问题。我们依托《北京市中小学性健康教育大纲（讨论稿）》的要求，对一二年级男女生的教育方式与目标做了初步的研究与尝试。

在小学，尤其是低年级阶段，我们不难发现，所有的"领头羊"几乎都是女生，第一名、学习委员、班长都是女生，乖巧听话的是女生，上课认真听讲并积极回答问题的也是女生；男生成了老师们最伤脑筋的学生，上课调皮捣蛋、作业潦草不认真的是男生，充分表现了小学阶段女生的优势。可造成这一切的不是男生的错，而是我们没有注重性别的差异，没有真正地了解男女生的不同特点与优势，而采取了错误的教育方式所造成的。

一、科学研究证明，男女生的身体差异性

男女生的身体发育是不同步的，对性别如何影响男女生的问题，包括美国、加拿大等在内的35个国家研究表明，男生与女生大脑差别有100多处，男孩血液中的多巴胺含量较多，流经小脑的血量更多。多巴胺可增加冲动和冒险行为的概率，而小脑是控制行为和身体行动的，流经小脑的血流量多，小脑就比较活跃，所以男孩就爱动。这些因素就导致在课堂中，男孩静坐与久坐的学习能力不如女孩，男孩更有可能在肢体运动中学习。男生的多动，往往也会令老师头疼，上课不能专注地听课，违反课堂纪律，下课在楼道跑动。

作为班主任的我们，这时只能靠智慧来制约，而不是怒吼与打骂来压制，曾经在课堂中我很多次给孩子们灌输"绅士形象"，并找班内其中一位男生作为大家的榜样。有时候我幻想，希望通过不断地涵养这些孩子，从而让他们个个都形成有礼貌、有教养的绅士风度。可是这是个漫长的滋养过程，不仅有言语的教诲，还要有书籍知识的滋润，"腹有诗书气自华"。但是不是所有的男生都能成为"文官"，还有"武将"呢！那对于这些"武将"，我们在课堂中只能靠"以动制动"。例如，我们班有一位轻微多动症的孩子，我们可以想象，一个一年级的孩子，他适应小学规范的过程比其他任何孩子的过程都要长，他的点滴进步和改变，都是在课堂中逐渐适应的结果。作为老师，我们只有付出比对任何孩子更多的注意力与点名频率，增加他站起来回答问题的概率，他的注意力才会慢慢转移到课堂中。

二、现代教育中的男女生差异

进入小学阶段，两性智能的发展从总体水平来看，差异开始加大，女生智能发展速度快于男生，这表现在女生此时的记忆力、注意力、观察力、想象力及具体形象思维能力都占有一定优势，这种优势可一直持续到青春期。

因此女生更能进入读本的情境中，也更能从阅读中获得享受和愉悦的心情。

女孩在阅读与写作上平均比男孩超前1~1.5年，而这个距离从童年早期就开始贯穿整个学习生涯，很多男孩子的大脑天生不能很好地适应那些强调阅读、写作、复杂的组词造句的教学方式，尽管这些都是语文教学中的重要组成。女孩大脑中，有更多区域专门负责语言功能、感知记忆、静坐、倾听、语调与神经交叉串话，因而复杂的阅读和写作对于她们而言，显得比较容易，相比较男孩来说比较困难。我们平时就有阅读的作业，结果与此相同。我们班的阅读档案册显示，女生每天的阅读时间与阅读书目的数量要优于男生。

例如，在语文教学中，很多教师的教学过于模式化，忽视了男生女生复述能力存在的性别差异，导致男生语句啰唆，条理不清，中心不明。复述中展现不出男性语言的简洁豪放，逻辑性强；女孩语言的流畅柔美，形象生动。所以在教学中，要按照性别优势进行教学。例如，男生复述语言灵活且具有推理能力，就找一位男生做其他男生的示范。女生复述语言形象且富有想象力，就让女生做女生的示范。教师不再做硬性的规范与指导，让男女生呈现出性别上的最大优势。

在我的课文朗读教学中就亲身经历了这样的故事。我们在教学朗读课文与《妈妈的爱》时，刚开始我做示范，引导孩子们注重声情并茂地有感情朗读，经过了很多次的训练，女生们个个都展示着自己的风采，语调抑扬顿挫。而男生呢，个个顿时变得慌了神，木讷地发出与女生不和谐的音调，还有部分男生干脆不出声了。于是每次我要求有感情朗读时，只能听到女生们动人的声音。后来我在教学儿歌时，让男生起立读，男生们拍着节奏，读得阳刚气十足，又很有节奏感，我灵机一动，让所有的女生也读同一首儿歌，女生们随着节奏摇摆着头，生动地朗读着，让人听着，好像一曲悦耳的歌。其实朗读没有什么硬性的要求，只要按着孩子们的特点去表现就可以了。所以现在我们班的男生不再惧怕有感情朗读，而是有了更多的勇气和自信表现自己。

三、发挥家庭中父亲的角色作用，最大限度实现"因性施教"

如前所述，父亲在家庭教育中的角色缺失让孩子特别是男孩从父亲身上学习勇敢、富于冒险及创新精神的机会错失。亲子共读与交流的时间较少，让男孩的阅读兴趣降低。

应该大力提倡亲子共读，可举办亲子共读交流网站，分享经验，学校班级邀请亲子共读成效显著的父亲到校交流经验，让他们更多地体会成功的喜悦。

在亲子共读过程中，父亲根据儿子的喜好为孩子选择适合的读物，在共读的过程中不仅增进感情，还将对男生的性别角色、智力与非智力因素的发展产生积极的影响，对男生阅读兴趣的培养起到巨大作用。7~13岁是培养阅读兴趣的最佳时机，这时如果能最大限度地调动孩子对语言文字的热情，他们将有可能成为优秀的终身阅读者。

父亲在为孩子选择更适合的读物时，不必避讳漫画书。美国著名阅读专家、《朗读手册》一书的作者吉姆·崔利斯提出，童年时期爱看漫画书的人，长大后往往能变成阅读能力较强的人。更何况有些漫画书同样可以启迪孩子的心智，如《丁丁历险记》等系列漫画。

四、创造条件，加强男女生的交往互助

差异心理学研究表明，异性交往具有智力互偿、情感互慰、个性互补、活动互激等相互补偿作用。因此，加强低年级男女生在学习活动中的交往，对于他们心理上的扬长补短是十分有益的，教师们应该给予鼓励和支持。教师可以鼓励学生与异性同学在一起进行各种活动，例如，特意安排男女生相互合作来完成某项任务，让他们在活动中发现他人的优点并及时发扬；教师也可以在排座位时让男女生混合，使他们在学习上互帮互助，弥补不足。多向的人际交往可以使差异较大的个性相互渗透，更能丰富学生的个性，使男女生的性格变得更为豁达开朗，情感体验更为丰富，意志也更加坚定。

作为教师的我们，与其给予那些消极的评价去伤害一个孩子的自信，不如就放他去发挥自己的优势，成就欲是激发所有潜能的动力。尊重孩子的性别差异，顺应成长规律，让所有的男孩子都能成为顶天立地的男子汉、拥有责任感的优秀人才。

我们更应该针对男女生的特点，采取各有侧重的教育内容，并使用差异化的教学手段，使男女生弱点变强项，强项更擅长。希望我们的教育，再也没有给孩子穿同样的鞋却要走不同路的现象。

小学高年级异性交往研究及正确引导方法

北京市海淀区上地实验小学　何　坤

【摘要】　本文在研究时查阅大量文献资料，分析小学高年级学生的身心发育特点，重点总结出异性交往对小学高年级学生的积极意义。但是现代社会仍有一些老师和家长对学生异性发展存在误区，而且小学高年级学生价值观还未成熟，在异性交往过程中容易出现异性交往不健康、异性交往困惑等问题。研究者重点为老师和家长提供了许多正确引导学生异性交往的方法。

【关键词】　小学高年级；异性交往；性教育；青春期。

"学会交往"是中小学心理素质教育的一项重要内容，是青少年整体素质健康发展不可或缺的部分。青少年异性交往是其交往活动的重要方面，是其社会化发展的"必修课题"。青少年阶段是人生社会化过程的重要时期，而青少年阶段的异性交往，又是实现其社会化过程中必不可少的链条。小学高年级则是青春期的萌芽阶段，孩子在异性交往方面存在很多困惑。因为"人不可无群"，在男女兼具的学校生活中，青少年必然面对异性交往的问题，只有学会与异性健康交往，才会形成良好的人际关系，保证学习、生活的正常进行。心理学研究表明，随着青少年生理和心理的发展，异性之间交往的愿望日益强烈，但由于其既缺乏异性交往的心理准备又缺乏相应的经验和技巧，难免产生心理和行为问题。

一、基本概念的界定

（一）小学高年级学生

小学高年级学生指的是小学五六年级的学生，年龄在11~13岁，处于由儿童期向青春期过渡的关键时刻，是儿童逐渐长大为成年人的一个过渡期，根据第二性征的出现和生殖器官功能逐渐成熟而指称为一个特定阶段。伴随身体迅速发育的是心理急剧变化，一方面，性器官逐渐发育成熟，女性出现月经，男性出现遗精，性兴奋随之出现，从而萌发对异性的兴趣，性冲动、手淫是青春期容易发生的现象。

当青春期产生种种生理变化时，由于青少年朋友对自身身体发育缺乏认识，也由于社会阅历浅、思维分析能力和判断能力都比较低，并且还缺乏两性社会道德规范方面的知识，不少青少年因性问题而困惑、疑虑和苦恼，甚至误入歧途，做出追悔莫及的傻事或错事。

（二）异性交往

异性交往也称为性别交往，按照性学专家潘绥铭先生的定义，是指不同性别之间并不带有性动机或者性要求的一般的人际来往和社会接触。性别交往有两类，一是总体上的性别交往，即不同性别作为不同的群体而进行的交往；二是具有不同性别的个人之间的社会交往。这种交往是个体社会化过程中重要的一个方面，只有在与不同性别的人的交往中，个人才能逐步了解和熟悉不同性别的人，学习自己性别所应具有的典型特征，了解性别的特点，学会与不同性别的人相处，协调双方关系，从而在处理人际交往时能自然、从容，完成个体的社会化。

二、异性交往对小学高年级学生的积极意义

现实生活中有不少教师及家长害怕学生在学习期间谈恋爱，就三令五申地禁止他们与异性交往，这反而增强了他们对异性的好奇心和神秘感，结果却酿成了许多不该发生的悲剧。因此正确地认识异性交往的功能有助于改正传统的错误观点。

（一）在交往中取长补短

男女青少年在智力的发展上存在着差异。在思维能力方面，男孩大都偏向抽象逻辑，善于分析、比较、抽象、概括，因而他们大多喜欢数学、物理、化学等课程。女孩则大都偏向于形象思维，爱好直接、鲜明、生动的刺激，因而大都喜欢语文、外语、历史、生物等课程。因此，通过交往，男女学生均可以从对方那里取长补短，从而有利于提高学习效率。

（二）在交往中增进心理健康

男女交往，可以满足青少年的心理需求，从而达到心理平衡。反之，缺乏

异性交往会导致适应不良，引起性心理扭曲、性变态等问题。如今一些独生子女从小与异性接触很少，进入青春期后，就很可能出现对异性的特殊敏感，在与异性交往中也容易遇到困难。这样他们便会走向只关注自己、封闭自己的极端。当他们发现自己有某些不如他人之处时，便产生自卑、嫉妒、自暴自弃的心理。这会更加妨碍其与异性的交往，结果还可能患上"异性恐惧症"，或埋下成为性心理变态的隐患，而正常的男女交往则会消除这种不健康的心理。

（三）在交往中完善自己的个性

男女交往能否融洽和满意，常常反映出个人的个性品质的优劣。人在交往中能够自动发现性格弱点，并以对方为参照加以改善和自律，从而使自己的个性更加完善。多方面的交往才会使个性更加丰富。交往如果仅限于同性，人心理的发展往往是狭隘的。尤其青春期是人的个性养成阶段，男孩可以从女孩那里感觉到娴静、温柔，而克服自己的粗野；女孩可以从男孩的坚毅、果敢中消除自己的娇气与做作。

（四）在交往中积累经验

青少年在与异性交往中，积累了一些经验，可以通过比较与鉴别，掌握友谊与爱情的区别，从而更稳妥地把握自己的情感。这样，也会促使他们将来更认真地择偶，为以后圆满的婚姻生活做好准备。

三、教师和家长对青少年异性交往的误区

异性交往是小学高年级学生正常学习生活的一部分，但是现在仍有不少家长和老师对孩子与异性进行交往存在许多误区。例如，学生的主要任务是读书，与异性交往是长大以后的事；青少年还不成熟，不懂事，不具备与异性交往的条件；与异性交往会分散精力，影响学习；与异性交往很容易发展为"早恋"，使青少年犯错误；青少年与异性交往没有什么好处；与异性交往是少数"坏学生"的行为，"好学生"不应该效仿；如何处理异性关系不需要别人指导，到时自然就能学会；如何处理异性关系不属于教育范围，教师对此没有责任。

四、小学高年级异性交往存在的心理问题

在异性交往方面，不但家长和老师存在一些误区，而且小学高年级的学生在异性交往方面或多或少都存在着一些心理问题。本文从异性交往的不健康现

象和异性交往存在的困惑两方面进行阐述。

（一）异性交往的不健康现象

1. 交友观不正确

部分青少年以自己异性朋友多为荣，炫耀能力，甚至互相攀比，有的交友是为了达到私欲的需要等，这些都是错误的观念。

2. 超越友谊界线

超越正常异性交往的界线，把握不住感情而过早萌发对异性的情爱，如早恋。

3. 交往方式不当

以前，青少年异性交往是通过读书、课外文娱活动等方式进行，主要交往范围在校内。如今，为了逃避学校、家长的监督，校外的公共场合成为异性交往的场合。

4. 随意性交往和隐蔽性交往增多

青少年由于认识、评价能力还不十分完善，往往在交往中随意性较强，交往对象良莠不齐。此外，在交往中，由于害怕家长、教师的干预和斥责，部分异性交往带有地下性、隐蔽性。

5. 择友标准需指导

大多数青少年以学习好、能力强、思想品德高为择友时考虑的主要因素。但也有部分学生择友注重时尚、时利，以"讲义气""大方""漂亮""有钱"为标准。

（二）异性交往存在着困扰

缺乏家长、教师的指导，使涉世未深的青少年只能"摸着石头过河"，给他们带来一些心理、行为上的困扰。

1. "一对一"的异性交往带来的困扰

在集体交往的过程中，难免出现较为亲密的甚至逐渐频繁的"一对一"的异性交往。这种交往即使是正常的交往，也容易招来周围同学、老师、家长的猜疑和议论，给交往带来压力和困扰。如果是超越了普通交往的界线而过早萌发对异性的情爱，也会为过早陷入感情泥潭而苦恼，从而引起一大堆与自己学习、生活、人际关系等格格不入的冲突。

2. 爱情错觉的困扰

"爱情错觉"是指因受到对方言谈举止的迷惑或自己的各种主观体验的影

响而错误地主动涉入爱河，或因自以为某个异性对自己"有意思"而产生的爱意绵绵的主观感受。"爱情错觉"俗称单相思。

3. 心相近而形相远的困扰

性生理和性心理发育，使青少年学生对异性逐渐产生兴趣和爱慕。但由于完全缺乏与异性交往的技巧，对异性的陌生、畏惧尚未消除，不安和害羞使部分少年以反向的方式来表达自己对异性的关注，从而出现常见的"心相近而形相远"的现象。

4. 拒绝异性交往或与异性交往困难

拒绝异性交往并不是因为这些青少年违背异性相吸的自然法则，而是由于他们以往的生活经历造成了对异性的偏见。异性交往困难大多是由于个性心理障碍所致。这都可能使这些青少年厌恶、回避、拒绝乃至仇视异性，变成"怪人"。

5. 缺乏异性交往的良性环境

学校内外都缺乏异性交往的良性环境，人们对异性交往抱有成见，观念陈腐，行为无法规范，交往场地少，形式单一，造成部分异性不得不到校外另辟蹊径。而校外公共场合"黄色"当道，很不利于健康向上的交往。

五、小学高年级异性交往要进行正确引导

以上分析了异性交往对小学高年级学生发展的积极意义，以及老师家长在观念上的误区以及学生在异性交往时易产生的问题。为了使异性交往走向正常化，真正使异性交往的功能发挥出来，我们要对异性交往给予科学的指导。无数的事实也证明，少男少女的交往需要成人的适当引导。让他们懂得友情、爱情的实质，正确认识恋爱、婚姻、家庭，为以后的成人、成才打下坚实的基础。引导学生在异性交往时应做到以下几个方面：

（1）要自然，不要拘谨——踏上异性交往的成功之路。在与异性的交往中，要注意消除异性交往的不自然感。因为友谊本来就是感情的自然发展，不应有任何矫揉造作和忸怩作态，那样反而影响彼此之间的真诚交流。异性间自然的交往能描绘出纯洁友谊的轨迹，这已被无数的生活实践所证明。

（2）要热情，不要冷漠——促进异性交往感情的升华。热情是发自内心的情感流露，它可以拉近彼此的心理距离，冷淡的态度则会拒人于千里之外，别人会说你高傲无礼、孤芳自赏，不可接近。

性健康教育研究

（3）要亲密，不要亲昵——保持异性交往发展的合理性。亲密是彼此真诚相待，互帮互助，彼此倾吐内心的烦恼，以求共同的进步。而亲昵是一种不庄重的言行举止，如在公共场合的勾肩搭背、拥抱接吻、搔首弄姿、卖弄风情。亲昵的行为会使人反感，而且造成不必要的误会。

（4）要谦虚，不要自负——防止异性交往的断裂。在与异性交往中，如果过于卖弄自己的学识，而不考虑别人的反应或在争辩中有理不让人，都会产生不良后果。青少年男女，无论在生活与学习上彼此都有优势与不足，因此保持一种谦虚的态度才能有利于共同的成长与进步。

总之，学生之间良好的异性交往有利于他们的身心发展，而教师和家长要摒弃种种误区，引导学生在交往时要注意不断优化自己的形象，完善自己的社会化性别角色，遵从平等互利、守信宽容的原则，从异性同伴身上学习健康、积极的品质特征，来弥补自己的短处。学校、家庭、社会也应该给他们创造宽松、和谐、民主的交往氛围，鼓励他们积极、主动、健康地进行交往，同时要及时地发现并解决他们在交往中遇到的困惑。

参考文献

[1] 王磊. 青少年异性交往心理问题及教育对策研究 [D]. 重庆：西南师范大学，2003.

[2] 岳伟. 中小学生异性交往的科学认识与正确引导 [J]. 天津教育，2001（Z1）：55.

[3] 颜德艳. 小学高年级学生性教育的研究 [D]. 武汉：华中师范大学，2009.

找准青春期学生情绪调节的脉搏

北京市海淀区羊坊店中心小学　李莲华

【摘要】　本文通过对学生发放"小学生青春期情绪调节调查问卷",可以了解到,处于青春期初期的小学生,大部分在处理自身情绪有一定的认知能力。但处理事情的方式上较多采用了回避方式,消极事件容易带来情绪波动,应着重加强学生对于问题处理方式的教育,遇到青春期情绪波动问题时有可合理解决,而不是情绪化或逃避处理。引导青春期学生学习克服青春期烦恼,调节控制自己的情绪,做情绪的主人,让积极的情绪促进学生青春期健康成长。

【关键词】　青春期；情绪；小学生。

青春期是每个人从童年到成年的过渡时期,在此期间,每个人的生理和心理都将发生巨大变化,随之情绪的变化也非常明显。了解学生的情绪变化,关注他们的内心世界,可帮助学生直面青春期的困惑,顺利度过青春期,并对今后的教学工作、青春期心理辅导工作提供一定的帮助和参考作用。

我校对547名中、高年段的学生发放了"小学生青春期情绪调节调查问卷",收回547份,问卷回收率100%。

在问卷中,设计了以下题目,问卷结果及分析如下。

一、你对青春期知识了解吗？

由图1可见,中高年段大约80%的学生认为自己了解青春期相关知识,其中非常了解、比较了解、一般了解分别占12.98%、36.56%、32.18%；还有18.28%的同学认为自己还不了解青春期知识,因此学校、家长应对中高年段的学生进行青春期知识的讲解、讲座等,确保学生正确认识自己、认识他人。

性健康教育研究

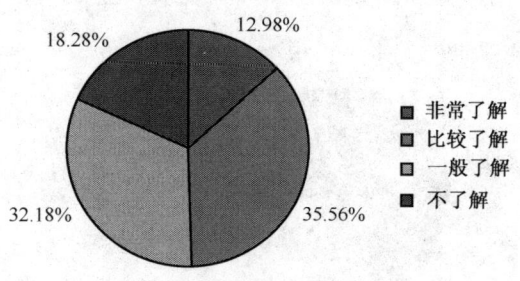

图 1　你对青春期知识了解吗

二、你正处于青春期，或你将要进入青春期，你的态度是？

青春期会产生各种各样的变化，有心理的变化，也有身体发育的变化。每每遇到变化，有的学生会产生害羞、逃避等心理。因此，对学生做了相关青春期态度的调查，如图 2 所示。由图 2 可见，能处理好青春期情绪的学生占大多数，其中能积极应对的学生占人数的 46.98%；能基本应对的学生占 36.93%；认为需要帮助以及不知所措的学生分别占 11.52%、4.57%。从图 2 还可以看出，大部分学生敢于面对青春期的各种状况，但一半以上的学生还需要给予积极性情绪的引导。

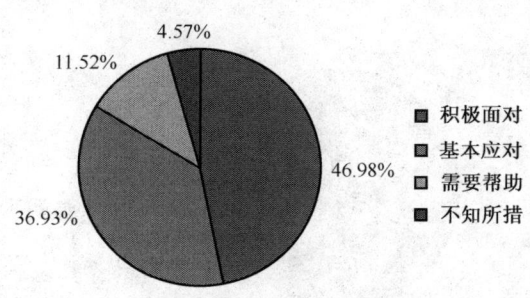

图 2　面对青春期的态度

三、你通过什么途径了解青春期方面的知识？

从图 3 并结合图 1 可以看出，中高年段学生对于青春期知识的了解渠道大致分为四个，学生更多选择了其他途径（如图书、网络等），所占比达到 35.46%，此外，家长教育，占到 26.52%，家校结合的教育，占 34.55%，而从有关学校教师方面得到的青春期知识仅为 3.47%。这一结果说明了学校在青春期知识教育方面还有待提高，应加强相关方面的知识教育，增加青春期知识讲座、观看青春期科普知识等相关影片,提高学生的情绪认知。

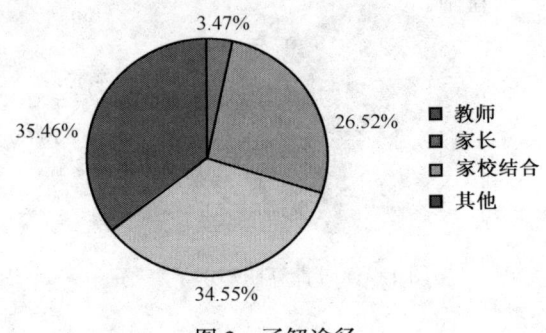

图3 了解途径

四、情绪波动,主要来自哪些方面?

情绪波动是正常的青春期心理现象。在问卷调查中得出如图4所示结果。有将近一半的同学认为与同学之间发生的矛盾容易引起情绪波动,这一比例占46.07%;来自父母家庭的矛盾等使学生激动紧张的比例占到20.48%;老师带给学生情绪波动的数据仅占4.39%;更令人出乎意料的是,来自社会方面使学生情绪波动的占23.58%,也有4.38%同学认为了以上事情都可以让自己情绪激动。

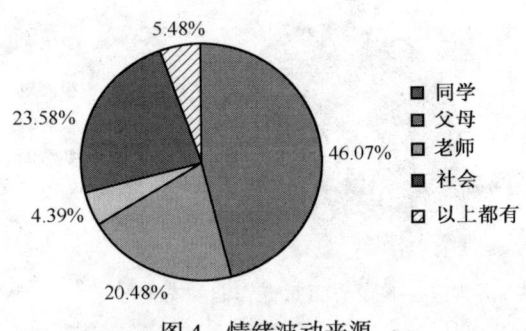

图4 情绪波动来源

五、你碰到烦心的事怎么办?

烦心事常有,但更重要的是如何解决这些烦心事。经调查,如图5所示,41.68%的同学选择了和老师、同学、家长诉说,以沟通的方式解决烦恼;还有6.04%的学生会向别人发脾气,以情绪发泄的方式解决困扰。有一半以上的同学在遇到烦心事时选择了自己默默承受,但并没有详细说明他们自我承受的方式，进而说明学生的自我处理方式还没有很明确，只是用沉默或自我消化甚至是逃避的方式解决问题，而不是直面问题本身。

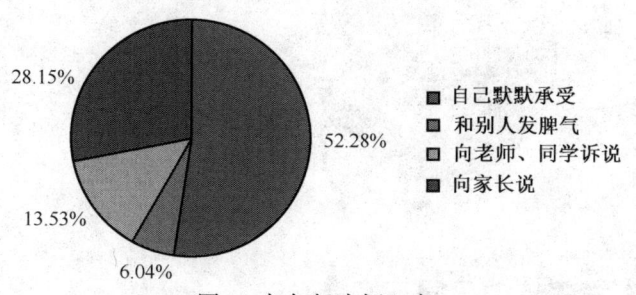

图 5　如何解决烦心事

六、你遇到开心的事时如何做？

设计此题的目的是要了解当遇到开心的事情时，学生能否良好地表达情绪，更好地解决青春期的困扰。在547份调查中（见图6），接近80%的学生能表现出自己的情绪，他们的表现方式有喜笑颜开、向别人诉说、手舞足蹈、情绪激动，但还有21.20%的同学选择了自己心里开心就是不表达出来的方式，进而也说明部分学生不太会甚至不善于表达自己的情绪，应在日常教育工作中加强情绪表达的训练。

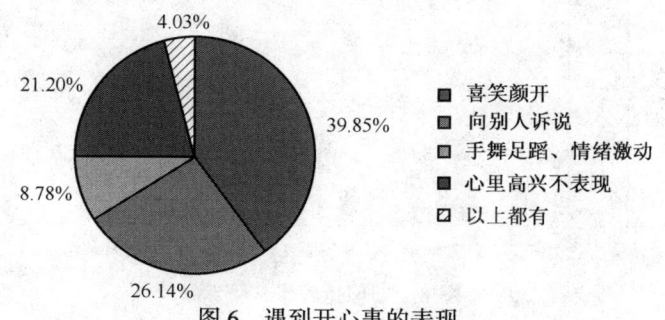

图 6　遇到开心事的表现

七、你能合理控制好自己的情绪吗？

情绪失控也是情绪表达的一种方式，但仅仅是消极情绪的表达。因此，教育中高年段学生学会控制情绪是青春期情绪调节教育的目标之一。在问卷调查中大部分学生认为自己能调控好情绪（见图7）；也有12.25%的学生不想调控情绪任其随意自由发展；还有14.08%的学生想调节情绪但不清楚调控方法。作为教师，理应教育孩子正确地、理性地控制自己的情绪，养成良好的生活方式。

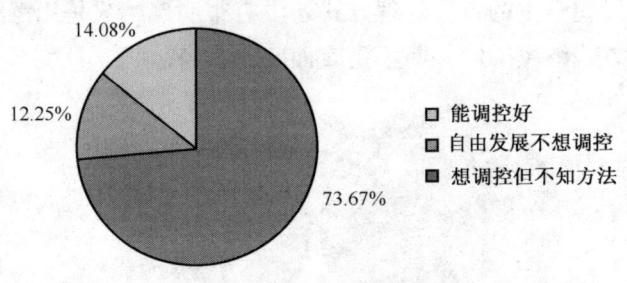

图 7　能否合理控制情绪

八、你怎样调节自己的不好情绪?

存在积极和消极的情绪是人的天性。但是在遇到消极情绪时,学生能否排解这些不良情绪是值得学校教师、家长引起注意的。多数学生能较好地利用转移注意力的方法进行情绪排解;也有小部分学生通过大哭一场、找朋友诉说等方式进行情绪排解;但仍有约5%的学生不懂得如何去做(见图8)。

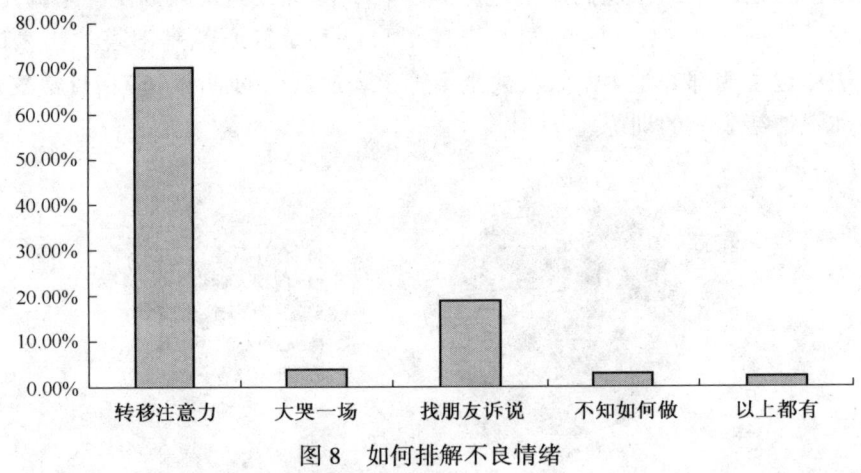

图 8　如何排解不良情绪

九、是否因一点小事就心情烦躁?

青春期容易引起情绪激动,尤其是中高年段的小学生,初进青春期容易对各种各样的小事反应激烈。在调查过程中发现:经常会因小事烦躁不安的学生占到5%以上;有时激动烦躁的学生占30%以上(见图9)。这同时说明学生在对青春期知识了解的前提下对事情有较好的情绪认知,但并不能全部化解情绪,还需要教师、家长的进一步疏导和教育。

性健康教育研究

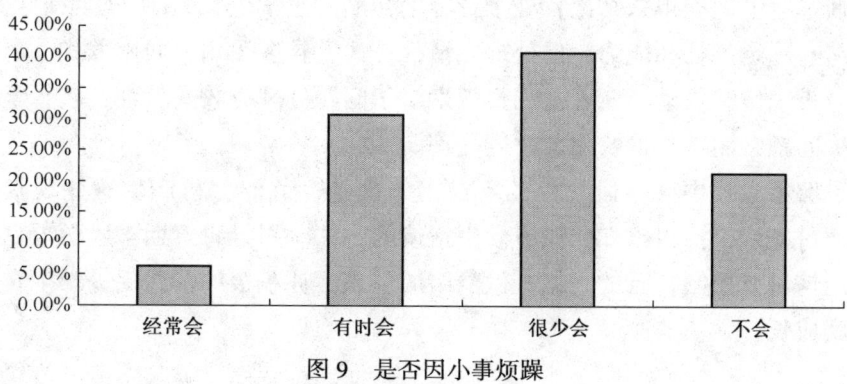

图 9　是否因小事烦躁

十、举例说明令你激动的事情？

在问卷中，设计了让学生们举例说明自己激动的事情的这一主观题。调查结果如图 10 所示，主要分为无、难过的事情、开心的事情三大类。其中开心的事情主要为被表扬获奖、考试成绩好、出去游玩等能满足学生心愿的事件，占 26.51%；难过的事情主要为考砸了、被批评被冤枉、被强迫做自己不想干的事情、和同学之间有矛盾时、和父母意见不统一时等违背学生意愿的事情，占比达到 51.55%。其中"考试"这一事件在整个调查中占了 19.4%，接近1/5的比例；和同学之间的矛盾占到 26%。可见，学生时代，学习以及同学间的关系更容易成为主要的问题。而消极的结果或不好的事情是更容易引起学生产生激动情绪的来源。说明学生内心里对美好事物有着很大的憧憬和期望。

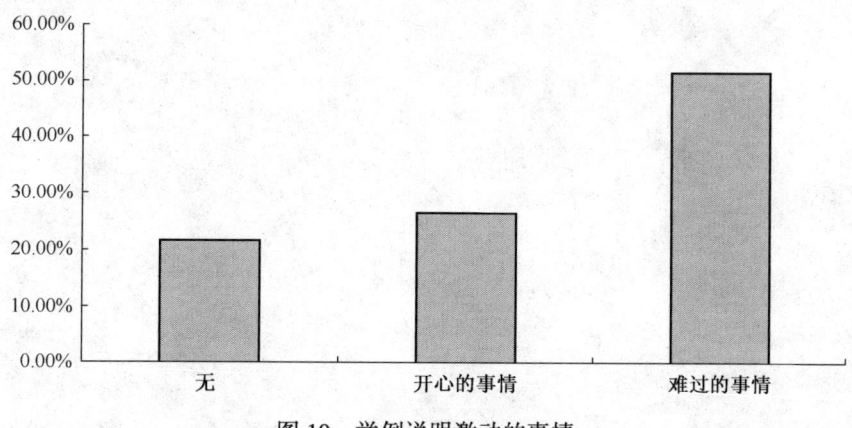

图 10　举例说明激动的事情

通过以上调查得知结论：处于青春期初期的小学生，大部分学生对处理自身情绪有一定的认知能力，但处理事情的方式上较多采用了回避方式。消极事件容易带来情绪波动，应着重加强学生对于问题处理方式的教育，教会学生如何解决问题，而不是情绪化或逃避处理。

　　了解了本校中高年段学生的不良情绪现状，就能分析产生这些现状的原因，通过实践，探讨出如何调节学生情绪的方法。引导青春期学生学习克服青春期烦恼调节控制自己的情绪，做情绪的主人，让积极的情绪促进学生在青春期健康成长。